平成29年改訂
小学校 教育課程実践講座

生 活

朝倉 淳 編著

ぎょうせい

はじめに

　大学附属の小学校の校長を務めていたときのことである。

　生活科・学校探検の学習で，１年生の子供たち４人が職員室にやってきた。学校で働く人々についての紹介として，校長の担当になったメンバーである。私を見付けると大喜び。何回も訪問しながら，なかなか面会できなかったからである。さっそく質問を始めた。

　「好きな食べ物は何ですか」

　「小さい頃，何になりたかったですか」

　「好きな形は何ですか」

　そして，最後が次の質問であった。

　「校長先生は，何色のソックスを履いていますか」

　「紺色のソックスを履いています」と答えた後，今度はこちらから質問した。「校長先生のソックスの色を聞いてどうするのですか」

　子供たちは，あっさりとこう答えた。

　「校長先生の絵を描くんです」

　どうやら学校探検の後，その結果を学級内で伝え合うらしい。その時に絵があるといいので，教室で絵を描いているそうである。ただ，ソックスの色が分からず，ほかの先生に聞いても分からないし調べようもないので，なんとしても直接質問したかったのである。

　やっとの思いで得た「紺色」という情報は，ソックスの色として塗られることで具現化し，絵は完成した。後日，それを使って伝え合いが行われ，「校長先生の絵，似てる」という反応も得ながら学習は進行した。達成感を得た発表メンバーは，帰宅後すぐに家族に報告。一方，発表を聞いた子供たちも，家族に報告。生活科学習が実生活とともに進んでいったようである。

　校長のソックスの色そのものは些細な単なる情報にすぎない。しかし，このようなストーリーの中に位置付くとき，大きな役割を果たし

i

ている。ストーリーの中には，いろいろな思いや願いがあり，その実現の過程で様々な課題が発見されている。そして，それを解決していく中で，主体的・対話的で深い学びが成立している。質問の言葉や順序が検討され，職員室への訪問を繰り返し，ドキドキ，ワクワクしながら実際に質問し，回答を受け止め，得た情報により絵を完成させ，伝え合いでの紹介内容をつくり，伝え合いを行い……。ストーリーの中に，いかに多くの学びと成長があることか。

　このような，子供たち自身にとって意味のあるストーリーの中で，知識や技能が身に付き，様々な力や人間性等が伸びていくようにしていきたい，というのが今回の学習指導要領改訂の趣旨の一つであろう。子供たちは，個人的にも社会的にも，答えのない新しい課題に取り組んでいくことになる。そのような子供たちに必要となる資質・能力を育成することを目指しているのである。

　本書は，新小学校学習指導要領における生活科について，その文言の意味や具体を検討し，これからの実践の参考となるように作成したものである。執筆者は，生活科に深く関わり，子供の成長に強い情熱をもち，それぞれの立場で活躍されている方々である。

　本書により，新しい生活科への理解が深まったり，様々なヒントやアイデアが得られたりして，小学校におけるよりよい教育実践の一助となれば幸いである。

編著者　朝倉　淳

目　次

第1章　生活科の学習指導要領を読む

第1節　総則における幼小接続と小学校低学年教育 ‥‥‥‥‥‥‥‥‥‥ 2

　　1　学習指導要領等改訂への過程　2

Q　今回の改訂における幼小の接続とはどのようなものですか。　2

　　2　幼稚園教育要領総則における幼小接続　3

　　3　小学校学習指導要領総則における幼小接続　6

　　4　小学校低学年教育への着目　7

第2節　学習指導要領の構造と育成を目指す資質・能力 ‥‥‥‥‥‥10

　　1　生活科の学習指導要領の変遷　10

　　2　生活科の学習指導要領の構造　11

Q　生活科における新学習指導要領をどのように読めばよいですか。　11

　　3　リード文の構成要素　12

　　4　資質・能力の三つの柱としての目標　14

Q　生活科において育成を目指す資質・能力とはどのようなものですか。　14

　　5　各学年の目標の構成と意味　18

Q　生活科における各学年の目標はどのように改訂されましたか。　18

第3節　生活科の「見方・考え方」と学びの原理 ‥‥‥‥‥‥‥‥‥20

　　1　「見方・考え方」の意味　20

Q　生活科における「見方・考え方」とはどのようなものですか。　20

　　2　生活科の「見方・考え方」　21

　　3　生活科の学びの原理　22

第4節　生活科における「主体的・対話的で深い学び」 ‥‥‥‥‥24

iii

1　主体的・対話的で深い学びの実現　24

Q 生活科における「主体的・対話的で深い学び」とはどのようなものですか。　24

　　　2　生活科における主体的・対話的な学び　25

　　　3　生活科における深い学び　26

第2章　学習指導要領に基づく生活科の授業づくりのポイント

第1節　生活科の内容の全体構造 ……………………………………30

Q 生活科の内容はどのように改訂されましたか。　30

　　　1　生活科の内容の改善点　30

　　　2　内容構成の具体的な視点と内容を構成する学習活動や学習対象　31

　　　3　内容の構成要素と階層性　32

第2節　生活科の内容と学習材研究の方法 ……………………………37

　　　1　内容(1)学校と生活　37

Q 「(1)学校と生活」について取り扱う内容と学習材研究のポイントを教えてください。　37

　　　2　内容(2)家庭と生活　42

Q 「(2)家庭と生活」について取り扱う内容と学習材研究のポイントを教えてください。　42

　　　3　内容(3)地域と生活　48

Q 「(3)地域と生活」について取り扱う内容と学習材研究のポイントを教えてください。　48

　　　4　内容(4)公共物や公共施設の利用　54

Q 「(4)公共物や公共施設の利用」について取り扱う内容と学習材研究のポイントを教えてください。　54

5　内容⑸季節の変化と生活　61

Q 「⑸季節の変化と生活」について取り扱う内容と学習材研究のポイントを教えてください。　61

　　6　内容⑹自然や物を使った遊び　67

Q 「⑹自然や物を使った遊び」について取り扱う内容と学習材研究のポイントを教えてください。　67

　　7　内容⑺動植物の飼育・栽培　73

Q 「⑺動植物の飼育・栽培」について取り扱う内容と学習材研究のポイントを教えてください。　73

　　8　内容⑻生活や出来事の伝え合い　80

Q 「⑻生活や出来事の伝え合い」について取り扱う内容と学習材研究のポイントを教えてください。　80

　　9　内容⑼自分の成長　86

Q 「⑼自分の成長」について取り扱う内容と学習材研究のポイントを教えてください。　86

第3節　学習指導要領で描く生活科の単元構成 ……………………………93

　　1　指導計画の作成における配慮事項　93

Q 生活科の指導計画作成における配慮事項はどのようなものでしょうか。93

　　2　思いや願いを実現する過程としての単元構成　96

Q 生活科における単元構成はどのように考えればよいですか。　96

　　3　繰り返しが生きる単元構成　97

第4節　新しい生活科の授業実践のポイント …………………………99

Q 生活科の授業づくりで押さえるべきポイントは何ですか。　99

　　1　学習指導要領が示す内容の取扱い　99

　　2　深い学びへ向かう教師の言葉かけ　102

　　3　思いや願いの実現を支える環境構成　104

第5節　資質・能力をベースにした生活科の評価の視点 ……………105

Q 生活科の評価の特色は何ですか。また，これからの評価の視点やポイ

v

ントを教えてください。　105

　　1　生活科が大事にしてきた評価の視点　105

　　2　総則における「学習評価の充実」の方向性　106

　　3　資質・能力をベースにした生活科の「学習評価の在り方」　108

第3章　事例：学習指導要領が目指す新しい生活科の授業

第1節　「内容⑴学校と生活」を中心とした事例 ……………………114

　　1　単元「がっこうたんけんをしよう」（第1学年）の構想　114

　　2　児童や学校，地域の実態に応じた単元の展開例　117

　　3　学習場面の例と学習指導のポイント　119

第2節　「内容⑵家庭と生活」を中心とした事例 ……………………120

　　1　単元「かぞく大すき大さくせん」（第1学年）の構想　120

　　2　児童や学校，地域の実態に応じた単元の展開例　122

　　3　学習場面の例と学習指導のポイント　123

第3節　「内容⑶地域と生活」を中心とした事例 ………………………127

　　［第1学年］

　　1　単元「おさんぽえんそくにいこう！」の構想　127

　　2　児童や学校，地域の実態に応じた単元の展開例　128

　　3　学習場面の例と学習指導のポイント　129

　　［第2学年］

　　1　単元「地域ワクワクマップを作ろう！」の構想　130

　　2　児童や学校，地域の実態に応じた単元の展開例　131

　　3　学習場面の例と学習指導のポイント　132

第4節「内容⑷公共物や公共施設の利用」を中心とした事例 ………133

　　1　2年間の生活科カリキュラムへの位置付け例と考え方　133

　　2　主体的・対話的で深い学びを実現する学習指導　135

3 単元の展開例　136

第5節　「内容⑸季節の変化と生活」を中心とした事例……………140

　　1 単元「あきとあそぼう！」（第1学年）〜秋の自然を中心にした単元【内容⑸⑻】〜　140

　　2 単元「生きものとなかよし」（第2学年）の構想〜四季の変化を意識し，年間を見通した単元【内容⑸⑺】〜　143

第6節　「内容⑹自然や物を使った遊び」を中心とした事例………147

　　1 単元構成のアイデア　147

　　2 単元計画の実際　148

　　3 小単元「風をさがして遊ぼう」の学習指導案　149

　　4 学習指導場面の実際　150

　　5 子供の育ち　151

第7節　「内容⑺動植物の飼育・栽培」（動物）を中心とした事例 153

　　1 「内容⑺動植物の飼育・栽培」（動物・生き物）単元の構想　153

　　2 「こんにちは！　モルモット」（第1学年）の単元の展開例　155

　　3 「なかよくなろうね！　小さな友だち」（第2学年）の単元の展開例　157

第8節　「内容⑺動植物の飼育・栽培」（植物）を中心とした事例 160

　　1 単元「おいしいやさいをそだてよう」（第2学年）の構想　160

　　2 児童や学校，地域の実態に応じた単元の展開例　161

　　3 学習場面の例と学習指導のポイント　162

第9節　「内容⑻生活や出来事の伝え合い」を中心とした事例……167

　　1 「内容⑻生活や出来事の伝え合い」単元の構想　167

　　2 「みんなであそぼうよ！　あき」（第1学年）の単元の展開例〜「内容⑻生活や出来事の伝え合い」と「内容⑸季節の変化と生活」と「内容⑹自然や物を使った遊び」を関連させた単元〜　169

　　3 「この町大好き！　大発見」（第2学年）の単元の展開例〜「内容⑻生活や出来事の伝え合い」と「内容⑶地域と生活」

を関連させた単元〜　171

第10節　「内容⑼自分の成長」を中心とした事例 ……………………174

  1　単元「もうすぐ2年生」（第1学年）の構想　174
  2　児童や学校，地域の実態に応じた単元の展開例　175
  3　学習場面の例と学習指導のポイント　176

第4章　学習指導要領を活かす生活科のカリキュラム・マネジメント

第1節　社会に開かれた生活科のカリキュラム …………………182

Q 生活科における「社会に開かれた教育課程」の捉え方とカリキュラム編成のポイントを教えてください。　182

  1　生活科のカリキュラムを社会に開くとは　183
  2　社会に開かれた生活科のカリキュラム編成　184

第2節　スタートカリキュラムの位置付けと展開 ………………188

  1　スタートカリキュラムの位置付け　188

Q スタートカリキュラムはどのように位置付けられているのですか。　188

  2　スタートカリキュラムの編成　191

Q スタートカリキュラムの編成ポイントは何ですか。　191

  3　スタートカリキュラムのマネジメント　194

第3節　学習指導要領を反映した生活科の授業研究の進め方 ………196

  1　現在の授業研究の状況　196

Q 生活科におけるこれからの授業研究はどのように進めていけばよいですか。　196

  2　これからの生活科に期待されるもの　197
  3　学習指導要領を反映した生活科の授業研究の進め方　198

資料：小学校学習指導要領（平成29年3月）〔抜粋〕　203
編者・執筆者一覧

第 1 章

生活科の学習指導要領を読む

第1章　生活科の学習指導要領を読む

第1節
総則における幼小接続と小学校低学年教育

1　学習指導要領等改訂への過程

Q 今回の改訂における幼小の接続とはどのようなものですか。

　平成29（2017）年3月31日，新しい学習指導要領等が告示された。今回の改訂においては，「幼小，小中，中高といった学校段階間の円滑な接続や教科等横断的な学習の重視」が重要事項の一つとなっている（文部科学省「幼稚園教育要領，小・中学校学習指導要領等の改訂のポイント」文部科学省Webページより）。生活科にとって関係が深い事項である。このうち幼小接続に関する経緯は，表1-1-1のように整理できる。

　今回の改訂に向けて，幼小接続に関する継続的な議論が積み重ねられてきていることが分かる。

表1-1-1　幼小接続に関する最近の主な動き

年月	審議会・機関等	報告・答申・要領等
平成20（2008）年3月28日	文部科学省告示	「小学校学習指導要領」
平成20（2008）年8月31日	文部科学省	『小学校学習指導要領解説　生活編』日本文教出版
平成22（2010）年11月11日	幼児期の教育と小学校教育の円滑な接続の在り方に関する調査研究協力者会議	「幼児期の教育と小学校教育の円滑な接続の在り方について（報告）」

2

平成26（2014）年 11月20日	文部科学大臣→ 中央教育審議会	「初等中等教育における教育課程の基準等 の在り方について（諮問）」
平成27（2015）年 1月	国立教育政策研究所 教育課程研究セン ター	「スタートカリキュラム　スタートブック」
平成27（2015）年 8月26日	中央教育審議会　教 育課程企画特別部会	「教育課程企画特別部会における論点整理 について（報告）」
平成28（2016）年 8月26日	中央教育審議会　教 育課程部会	「次期学習指導要領等に向けたこれまでの 審議のまとめについて（報告）」
平成28（2016）年 12月21日	中央教育審議会	「幼稚園，小学校，中学校，高等学校及び 特別支援学校の学習指導要領等の改善及び 必要な方策等について（答申）」
平成29（2017）年 3月	国立教育政策研究所 （研究代表者　渡邊 恵子）	平成27～28年度プロジェクト研究報告書 「幼小接続期の育ち・学びと幼児教育の質 に関する研究〈報告書〉」
平成29（2017）年 3月31日	文部科学省告示	「幼稚園教育要領」
	厚生労働省告示	「保育所保育指針」
	内閣府・文部科学 省・厚生労働省告示	「幼保連携型認定こども園教育・保育要領」
	文部科学省告示	「小学校学習指導要領」

2　幼稚園教育要領総則における幼小接続

　文部科学省告示「幼稚園教育要領」（平成29（2017）年）には，「第
1章　総則」の中の「第3　教育課程の役割と編成等」において次の
ように示されている。

　5　小学校教育との接続に当たっての留意事項
　　(1)　幼稚園においては，幼稚園教育が，小学校以降の生活や学習
　　　の基盤の育成につながることに配慮し，幼児期にふさわしい生
　　　活を通して，創造的な思考や主体的な生活態度などの基礎を培

第1章　生活科の学習指導要領を読む

うようにするものとする。

(2)　幼稚園教育において育まれた資質・能力を踏まえ，小学校教育が円滑に行われるよう，小学校の教師との意見交換や合同の研究の機会などを設け，「幼児期の終わりまでに育ってほしい姿」を共有するなど連携を図り，幼稚園教育と小学校教育との円滑な接続を図るよう努めるものとする。

　同じような記述は，同時に告示された厚生労働省告示「保育所保育指針」（平成29（2017）年），内閣府・文部科学省・厚生労働省告示「幼保連携型認定こども園教育・保育要領」（平成29（2017）年）においても示されている。これは幼児期の学びや育ちが一人一人の生涯にとって重要であることの再認識であると言うことができよう。そして，幼児期の教育から小学校教育への円滑な接続が求められているのである。

　このような幼小接続の在り方を背景に，新幼稚園教育要領では，幼稚園においては資質・能力を一体的に育むように努めることが次のとおり示されている。

1　幼稚園においては，生きる力の基礎を育むため，この章の第1に示す幼稚園教育の基本を踏まえ，次に掲げる資質・能力を一体的に育むよう努めるものとする。

(1)　豊かな体験を通じて，感じたり，気付いたり，分かったり，できるようになったりする「知識及び技能の基礎」

(2)　気付いたことや，できるようになったことなどを使い，考えたり，試したり，工夫したり，表現したりする「思考力，判断力，表現力等の基礎」

4

> (3) 心情，意欲，態度が育つ中で，よりよい生活を営もうとする
> 「学びに向かう力，人間性等」

また，「幼児期の終わりまでに育ってほしい姿」を次の10項目において明確にしており，幼小の円滑な接続を強く意図していると言える。ただ，これらの姿は到達目標としての姿ではなく，方向性を示すものであることに留意したい。

> (1) 健康な心と体
> (2) 自立心
> (3) 協同性
> (4) 道徳性・規範意識の芽生え
> (5) 社会生活との関わり
> (6) 思考力の芽生え
> (7) 自然との関わり・生命尊重
> (8) 数量や図形，標識や文字などへの関心・感覚
> (9) 言葉による伝え合い
> (10) 豊かな感性と表現

　幼稚園教育要領等においては，「幼児期にふさわしい生活」を通して資質・能力が育まれ，小学校教育へとつながることが示されている。このような考え方を幼児期の教育と小学校教育において共通に理解するためには，幼児と小学生の交流活動や関係者の意見交換，合同研修会，共同研究などの連携が図られることが重要であろう。また，それらの機会を節目としつつ，日常的な連携も推進されることが重要であろう。

3　小学校学習指導要領総則における幼小接続

文部科学省告示「小学校学習指導要領」（平成29（2017）年）では，前文の最後の段落において次のように記述されている。

> 　児童が学ぶことの意義を実感できる環境を整え，一人一人の資質・能力を伸ばせるようにしていくことは，教職員をはじめとする学校関係者はもとより，家庭や地域の人々も含め，様々な立場から児童や学校に関わる全ての大人に期待される役割である。幼児期の教育の基礎の上に，中学校以降の教育や生涯にわたる学習とのつながりを見通しながら，児童の学習の在り方を展望していくために広く活用されるものとなることを期待して，ここに小学校学習指導要領を定める。

幼小接続は小学校教育全体にかかる重要なポイントであるとともに，従前より接続期の教育としての役割をもつ生活科にとっては，一層大きな意味があると言えよう。

また，「学校段階等間の接続」として，「第1章　総則」の中の「第2　教育課程の編成」においては次のように示されている。

> 　4　学校段階等間の接続
> 　　教育課程の編成に当たっては，次の事項に配慮しながら，学校段階等間の接続を図るものとする。
> ⑴　幼児期の終わりまでに育ってほしい姿を踏まえた指導を工夫することにより，幼稚園教育要領等に基づく幼児期の教育を通して育まれた資質・能力を踏まえて教育活動を実施し，児童が

第1節　総則における幼小接続と小学校低学年教育

> 主体的に自己を発揮しながら学びに向かうことが可能となるようにすること。（後略）

　この部分については，小学校教育における指導の工夫と幼児期の教育との関係を，図1-1-1のように整理できる。幼小接続は，接続期の課題であるとともに生涯につながるテーマでもあることが改めて示されていると言うことができる。

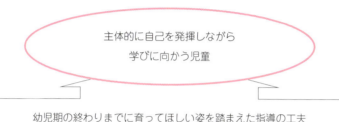

図1-1-1　幼児期の教育と小学校教育との接続
（新小学校学習指導要領総則「学校段階等間の接続」を基に）

4　小学校低学年教育への着目

　前述の「4　学校段階等間の接続」では，(1)の後半において，低学年教育全体の在り方についても次のとおり記述されている。

> 4　学校段階等間の接続
> 　教育課程の編成に当たっては，次の事項に配慮しながら，学校段階等間の接続を図るものとする。
> (1)（前略）　また，低学年における教育全体において，例えば生

> 活科において育成する自立し生活を豊かにしていくための資質・
> 能力が，他教科等の学習においても生かされるようにするなど，
> 教科等間の関連を積極的に図り，幼児期の教育及び中学年以降
> の教育との円滑な接続が図られるよう工夫すること。（後略）

　ここでは，小学校低学年の教育について，教科等間の関連を図ること，幼児期の教育との円滑な接続を図ること，中学年以降の教育との円滑な接続を図ることが大切であることが示されている。

　小学校教育は6年間にわたり行われ，児童はそれぞれ心身ともに成長する。ただ，6年間は同じように過ぎていくわけではない。同じ発達の段階にあって安定的に成長したり，次の段階に向けて急激に成長したりすることは周知のとおりである。今回の改訂において，小学校という同じ学校段階にあっても児童の発達の段階には違いがあり，小学校低学年では，中学年や高学年とは異なる世界があることが再認識されたことは意義深い。

　この部分では，さらに続いて，小学校入学当初において生活科を中心に指導の工夫や指導計画の作成を行うことについて，次のように記述されている。

> 4　学校段階等間の接続
> 　教育課程の編成に当たっては，次の事項に配慮しながら，学校段階等間の接続を図るものとする。
> (1)　（前略）　特に，小学校入学当初においては，幼児期において自発的な活動としての遊びを通して育まれてきたことが，各教科等における学習に円滑に接続されるよう，生活科を中心に，合科的・関連的な指導や弾力的な時間割の設定など，指導の工

> 夫や指導計画の作成を行うこと。

　小学校入学当初の指導に焦点をあてたいわゆる「スタートカリキュラム」に関する記述である。小学校学習指導要領の総則において生活科を中心とした接続期の教育について示されたことは，生活科そのものの存在意義や固有性，独自性を一層強調するものであると言えよう。

第1章　生活科の学習指導要領を読む

第2節
学習指導要領の構造と育成を目指す資質・能力

1　生活科の学習指導要領の変遷

　生活科が誕生して30年ほどが経過した。今回の改訂が3回目の改訂
となる。その間，社会や自然も大きく変貌し，子供の実態も変容を続
けている。教育に関する考え方や学校教育の仕組みなども変わってい
る。ここでは，生活科創設以降の学習指導要領の形式的な変遷を簡単
に確認する。

　生活科は平成元（1989）年文部省告示「小学校学習指導要領」にお
いて創設された教科である。「第2章　各教科　第5節　生活」は，
「第1　目標」「第2　各学年の目標及び内容」「第3　指導計画の作
成と各学年の内容の取扱い」から成っている。「各学年の目標及び内
容」内の目標は〔第1学年及び第2学年〕として3項目で示されてい
る。一方，内容については〔第1学年〕〔第2学年〕それぞれ6項目，
計12項目で示されている。

　生活科にとって最初の改訂となった平成10（1998）年文部省告示
「小学校学習指導要領」では，大きな枠組みは従前のとおりであるが，
内容については第1学年及び第2学年を分けることなく8項目で示さ
れている。

　平成20（2008）年文部科学省告示「小学校学習指導要領」では，
「第2　各学年の目標及び内容」において，目標が1項目加えられ4
項目で示され，内容も「生活や出来事の交流」が加えられ9項目で示
されている。「第3　指導計画の作成と内容の取扱い」では，指導計

画の作成に当たっての配慮事項と内容の取扱いについての配慮事項
が，それぞれ4項目ずつ示されている。

2 生活科の学習指導要領の構造

Q 生活科における新学習指導要領をどのように読めばよいで
すか。

　平成29（2017）年文部科学省告示「小学校学習指導要領」では，
「第2章　各教科　第5節　生活」の示し方が，大きく変更されてい
る。その全体構造はおよそ表1-2-1のようになっている。

表1-2-1　生活科の学習指導要領の構造

第1 目標	最初の一文（リード文） (1)「知識及び技能の基礎」に関する目標 (2)「思考力，判断力，表現力等の基礎」に関する目標 (3)「学びに向かう力，人間性等」に関する目標
第2 各学年の目標 及び内容 〔第1学年及 び第2学年〕	1　目標 (1)「学校，家庭及び地域の生活に関する内容」についての目標 (2)「身近な人々，社会及び自然と関わる活動に関する内容」についての目標 (3)「自分自身の生活や成長に関する内容」についての目標 2　内容 〔学校，家庭及び地域の生活に関する内容〕 　(1)(2)(3) 〔身近な人々，社会及び自然と関わる活動に関する内容〕 　(4)(5)(6)(7)(8) 〔自分自身の生活や成長に関する内容〕 　(9)
第3 指導計画の作 成と内容の取 扱い	1　指導計画の作成に当たっては，次の事項に配慮するものとする。 (1)(2)(3)(4)(5)(6) 2　第2の内容の取扱いについては，次の事項に配慮するものとする。 (1)(2)(3)(4)(5)(6)

　特に教科目標の示し方には大きな変更がみられる。教科目標はこれ
まで一文で示されてきたが，今回の改訂では，最初の一文（以下リー

ド文）と，(1)(2)(3)として各一文で示された三つの文，合わせて四文での構成に変更されている。(1)(2)(3)は，資質・能力の三つの柱に関する目標が示されている。すなわち，(1)は「知識及び技能の基礎」に関する目標，(2)は「思考力，判断力，表現力等の基礎」に関する目標，(3)は「学びに向かう力，人間性等」に関する目標となっている。なお，(1)及び(2)について末尾に「の基礎」がついているのは，幼児期の教育との接続が意識されているものと考えられる。

3　リード文の構成要素

　生活科の教科目標のうちリード文にあたる部分は，次のとおりである。

　　具体的な活動や体験を通して，身近な生活に関わる見方・考え方を生かし，自立し生活を豊かにしていくための資質・能力を次のとおり育成することを目指す。

　リード文の冒頭には「具体的な活動や体験を通して」と記述されており，生活科の学習は具体的な活動や体験をすることによって展開していくことが示されている。「具体的な活動や体験」とは，対象に直接働きかける学習活動であり，例えば，作ったり，探したり，育てたり，遊んだりすることである。また，そうした活動の楽しさやそこで気付いたことなどを言葉や歌，絵，動き，劇など，何らかの方法によって表現する学習活動である。小学校低学年の児童が，対象と直接関わり，対象とのやり取りをする中で，資質・能力が育成されることが示されていると考えられる。

　具体的な活動や体験では，諸感覚が活発に使われ，児童は多くの驚きや不思議に出合う。そして，表現する内容や意欲をもつ。したがっ

て，具体的な活動や体験を構成するとともに，言葉をはじめ様々な方法による表現や伝え合いが充実するようにすることも重要な点である。

リード文には，これまでの教科目標にはなかった「見方・考え方」という文言が記されている。ここで言う「見方・考え方」とは，その教科等ならではの物事を捉える視点や考え方であり，各教科等固有の学びの在り方と言えよう。それは，各教科等を学ぶ本質的な意義を示すものと考えられる。また，生涯にわたり重要な働きをして，各教科等における学びと社会をつなぐものでもある。

生活科の「見方・考え方」は，リード文中にあるように「身近な生活に関わる見方・考え方」である。『小学校学習指導要領解説　生活編』（文部科学省，平成29（2017）年6月，以下『解説』）（以下，本書において『解説』は平成29年（2017年）6月時点のものを指す）によれば，それは，「身近な人々，社会及び自然を自分との関わりで捉え，よりよい生活に向けて思いや願いを実現しようとすること」と考えることができる。

「自立し生活を豊かにしていく」ことは，生活科の究極の目標と捉えることができる。「自立」とは，従前の教科目標について解説されてきたように，学習上の自立，生活上の自立，精神的な自立である。それらが互いに支え合い補い合いながら「自立への基礎を養う」とした生活科の理念を受け継いでいると言える。

「生活を豊かにしていく」とは，生活科の学びを実生活に生かし，身近な人々や環境に働きかけて，豊かな生活を創造していくことと考えられる。豊かな生活とは，例えば，人々，社会及び自然と様々な形で関わり，目標の達成や幸せの実現を目指していくような生活であろう。人は，まだしたことのないことやうまくできないことに挑戦を続けることによって，できるようになったり上達したりする。挑戦を続けることは生きることそのものである。児童も，いろいろなことに挑

第1章　生活科の学習指導要領を読む

戦して，自分でできることが増えたり活動の範囲が広がったりして，自分自身が成長する。関わりが広がったり深まったりするならば，自分自身や身近な人々，社会及び自然はさらに大切な存在になるであろう。そのような豊かさに向かう資質・能力の育成を目指すことを示していると考えられる。

4　資質・能力の三つの柱としての目標

Q　生活科において育成を目指す資質・能力とはどのようなものですか。

(1)　「知識及び技能の基礎」に関する目標

⑴　活動や体験の過程において，自分自身，身近な人々，社会及び自然の特徴やよさ，それらの関わり等に気付くとともに，生活上必要な習慣や技能を身に付けるようにする。

　資質・能力のうち「知識及び技能の基礎」に関する目標は，上記のとおりである。

　教科目標⑴内の前半に示された「自分自身，身近な人々，社会及び自然の特徴やよさ，それらの関わり等に気付く」とは，具体的な活動や体験，伝え合いや振り返りなどの中で，自分自身，身近な人々，社会及び自然がもっている固有な特徴や価値，それぞれの関係や関連などを感じたり捉えたりすることと考えることができる。

　生活科で言う気付きとは，対象に対する一人一人の認識であり，それは児童の主体的な活動によって生まれるものと考えられている。心が動き一人一人に生まれた気付きは，個々別々なものである。それは，まだ吟味されておらず一般化されてはいないが，確かな認識へと

つながるものとして重要な役割をもつものである。

生活科は，従前より自分自身についての気付きを大切にしている。小学校低学年の児童における自分自身についての気付きとしては，次のようなことが重視されている。すなわち，集団での生活に親しみ，集団における自分の存在に気付くこと，自分のよさや得意にしていること，興味・関心をもっていることなどに気付くこと，自分の心身の成長に気付くことなどである。このような気付きは，友達や身近な人々，成長を支えてくれた人々に関する気付きにつながり，自分自身が成長への願いをもって意欲的に生活することができるようになることにつながっていくのである。

教科目標(1)の後半にある「生活上必要な習慣や技能を身に付ける」とは，児童が思いや願いを実現する活動や体験の過程において，健康や安全に関わること，みんなで生活するためのきまりに関わること，言葉遣いや身体の振る舞いに関わることなどを，毎日あるいは機会に応じて適切に行うことができるようになることである。例えば，手洗いをすること，時間を守ること，挨拶をすることなどである。

ここで言う「習慣」とは，日常生活において必要なことを，毎日あるいは機会に応じて自然な流れの中で安定的に適切に行うことができることである。「技能」とは，日常生活に必要なことを適切に行うことができる技術や能力である。生活上必要なことが習慣となるには，関係する技能がある程度身に付いており，それが他の技能と結び付いたり生活科の学習や日常生活の文脈の中で繰り返し活用されたりすることが必要であろう。このように，習慣と技能は強く関係付いていると考えられる。生活科においては，特定の習慣や技能を取り出して一つ一つ指導するのではなく，思いや願いを実現する過程において，学習活動の文脈の中で学んでいく。これによって，習慣や技能を実生活や実社会の中で生きて働くものとして身に付けていくことができる。

（2）「思考力，判断力，表現力等の基礎」に関する目標

> ⑵　身近な人々，社会及び自然を自分との関わりで捉え，自分自身や自分の生活について考え，表現することができるようにする。

　資質・能力のうち「思考力，判断力，表現力等の基礎」に関する目標は，上記のとおりである。

　教科目標⑵にある「自分自身や自分の生活について考え，表現する」とは，身近な人々，社会及び自然を自分との関わりで捉えることによって，自分自身や自分の生活の中にある問題や目的について考え，それを何らかの方法で表現することである。人が何かを表現する際には，意識的，自覚的に，あるいは無意識，無自覚なままに表現内容や表現方法について考えるであろう。また，表現した結果から，考え直したり新たな問いをもったりするであろう。生活科においても同様である。特に生活科では，活動，思考，表現などが，一体的に行われたり繰り返されたりすることが重要である。思いや願いの実現に向けて活動する中で，具体的に考えたり表現したりすることやそれを繰り返すことによって，自分自身や自分の生活に関する様々な問題や目的について考え，表現することができるようになるのである。

　思考に関しては，具体的には，見付ける，比べる，たとえる，試す，見通す，工夫するなどの学習活動の過程において，様々な思考が展開すると考えられる。また，表現に関しては，気付いたことや考えたこと，楽しかったことなどについて，言葉，歌，絵，動き，劇などの方法によって，他者と伝え合ったり，振り返ったりすることがその具体となるであろう。

　思考や表現によって，例えば，ある気付きと別の気付きの共通点や相違点，相関関係や因果関係が確認されたときなど，気付きの質が高まったと言うことができる。自分自身や自分の生活について考え，表

現し交流することなどにより，気付きの質が高まり，学習対象が意味付けられたり価値付けられたりする。このような「深い学び」によって，生活科の見方・考え方についてもそれが螺旋的に生かされ，より確かになっていくと考えられる。

(3) 「学びに向かう力，人間性等」に関する目標

⑶　身近な人々，社会及び自然に自ら働きかけ，意欲や自信をもって学んだり生活を豊かにしたりしようとする態度を養う。

資質・能力のうち「学びに向かう力，人間性等」に関する目標は上記のように示されている。

教科目標⑶の中の「意欲や自信をもって学んだり生活を豊かにしたりしようとする態度を養う」とは，児童がそれぞれの生活圏において意欲や自信をもって学んだり生活を豊かにしたりすることが繰り返されることによって，それが安定的な態度として養われるようにすることと考えられる。

「意欲」とは，何かをしたいという気持ちであると考えられる。生活科では，自らの思いや願いを明確にして，進んで学んだり生活を豊かにしたりしたいという気持ちであると言えよう。また「自信」とは，自分はそれをすることができると信じることであると考えられる。生活科では，思いや願いの実現に向けて，自分は学んだり生活を豊かにしたりしていくことができると信じることであると言えよう。

生活科では，思いや願いを実現する過程において，自分自身の成長に気付くことや，活動の楽しさや満足感，成就感などを感じることが一人一人の意欲や自信となっていくと考えられる。この意欲や自信が，自らの学びを次の活動やこれからの生活に生かしたり，新たなことに挑戦したりすることにつながっていくと考えられるのである。

5 各学年の目標の構成と意味

Q 生活科における各学年の目標はどのように改訂されましたか。

第2 各学年の目標及び内容
〔第1学年及び第2学年〕
　1　目　標
　(1)　学校，家庭及び地域の生活に関わることを通して，自分と身近な人々，社会及び自然との関わりについて考えることができ，それらのよさやすばらしさ，自分との関わりに気付き，地域に愛着をもち自然を大切にしたり，集団や社会の一員として安全で適切な行動をしたりするようにする。
　(2)　身近な人々，社会及び自然と触れ合ったり関わったりすることを通して，それらを工夫したり楽しんだりすることができ，活動のよさや大切さに気付き，自分たちの遊びや生活をよりよくするようにする。
　(3)　自分自身を見つめることを通して，自分の生活や成長，身近な人々の支えについて考えることができ，自分のよさや可能性に気付き，意欲と自信をもって生活するようにする。

　生活科の各学年の目標は，上記のとおり〔第1学年及び第2学年〕という形で，2学年をまとめて3項目で示されている。学年の目標の(1)は「学校，家庭及び地域の生活に関する内容」についての目標であり，主に内容の(1)(2)(3)に関連している。学年の目標の(2)は「身近な人々，社会及び自然と関わる活動に関する内容」についての目標であ

り，主に内容の(4)～(8)に関連している。学年の目標の(3)は「自分自身
の生活や成長に関する内容」についての目標であり，内容の(9)ととも
に他の全ての内容に関連している。このような整理は従前とは異な
り，大きな変更点の一つとなっている。

　学年の目標の(1)(2)(3)は，それぞれ特徴的な活動と資質・能力の三つ
の柱に関することが一文の中で示されている。それらが児童の姿とし
ては一体的であるためと考えられる。具体的には，次のとおりであ
る。

　まず，冒頭の「～を通して」において，主な学習対象や学習活動が
示されている。次の「～ができ」で「思考力，判断力，表現力等の基
礎」について示され，続く「～に気付き」で「知識及び技能の基礎」
が示されている。最後の「～するようにする」においては，「学びに
向かう力，人間性等」に関係する態度などが示されているのである。
各学年の目標の(1)(2)(3)が共に同じ構造で記述され，その意味が捉えや
すくなっていると言える。

第1章　生活科の学習指導要領を読む

第3節
生活科の「見方・考え方」と学びの原理

---

1 「見方・考え方」の意味

Q 生活科における「見方・考え方」とはどのようなものですか。

　今回の改訂において各教科等の目標で新たに使用されることになった「見方・考え方」という言葉について，「第1　総則」では次のように示されている。

第3　教育課程の実施と学習評価
　1　主体的・対話的で深い学びの実現に向けた授業改善
　　各教科等の指導に当たっては，次の事項に配慮するものとする。
　(1)　（前略）
　　　特に各教科等において身に付けた知識及び技能を活用したり，思考力，判断力，表現力等や学びに向かう力，人間性等を発揮させたりして，学習の対象となる物事を捉え思考することにより，各教科等の特質に応じた物事を捉える視点や考え方（以下「見方・考え方」という。）が鍛えられていくことに留意し，児童が各教科等の特質に応じた見方・考え方を働かせながら，知識を相互に関連付けてより深く理解したり，情報を精査して考えを形成したり，問題を見いだして解決策

20

> を考えたり，思いや考えを基に創造したりすることに向かう
> 過程を重視した学習の充実を図ること。

　ここでの記述によれば，学習指導要領でいう「見方・考え方」とは「各教科等の特質に応じた物事を捉える視点や考え方」ということができる。

2　生活科の「見方・考え方」

　生活科の「見方・考え方」は，教科目標の最初の一文中にあるとおり「身近な生活に関わる見方・考え方」である。文部科学省『小学校学習指導要領解説　生活編』（平成29（2017）年6月，以下『解説』）によれば，「身近な生活に関わる見方・考え方」は，「身近な人々，社会及び自然を自分との関わりで捉え，よりよい生活に向けて思いや願いを実現しようとすること」と考えることができる。この「見方・考え方」には，自立し生活を豊かにしていくための資質・能力として，生活科固有の視点や思考などが表現されていると考えられる。

　『解説』によれば，身近な生活に関わる見方は，「身近な生活を捉える視点であり，身近な生活における人々，社会及び自然などの対象と自分がどのように関わっているのかという視点」である。これは，この時期の児童の特性を踏まえた視点である。児童が身近な生活を，自分の思いや願いを実現しようとする自分自身との関係において捉えるということであり，豊かな生活を作り出していくことにつながる視点であると言える。

　自分との関係において生活やそれが展開する環境を認識することは，少し形を変えながら全ての年代の人について言えることでもある。私たちが対象をより深く認識する端緒となるのは，その対象との

第1章　生活科の学習指導要領を読む

関わりの自覚であり，当事者意識ということもできる。一人一人の生活から地球規模の環境や出来事まで，あらゆることはつながり，関係付いている。そのつながりや関係を自覚し，認識を深めることは，「どう生きるか」ということにつながり，生きる上での極めて重要な視点となるのである。

『解説』によれば，身近な生活に関わる考え方は，「自分の生活において思いや願いを実現していくという学習過程の中にある思考であり，自分自身や自分の生活について考えることやそのための方法」である。前述の見方と合わせて，表1-3-1のように整理することができる。生活科の見方・考え方は，学習の過程において一体的，総合的に生きてくるものである。

表1-3-1　生活科の見方・考え方

〔身近な生活に関わる見方・考え方〕 　身近な人々，社会及び自然を自分との関わりで捉え，よりよい生活に向けて思いや願いを実現しようとすること	
見方	〔身近な生活を捉える視点〕 　身近な生活における人々，社会及び自然などの対象と自分がどのように関わっているのかという視点
考え方	〔自分の生活において思いや願いを実現していくという学習過程の中にある思考〕 　自分自身や自分の生活について考えることやそのための方法

3　生活科の学びの原理

生活科の学習は，教科目標にあるとおり，「身近な生活に関する見方・考え方を生かし」て進められる。

「見方・考え方を生かし」とは，生活科の学習過程において，児童自身が，すでに有している見方・考え方を発揮するということであり，その過程において，見方・考え方が一層確かなものになることを示していると考えられる。児童はこれまでの経験などに基づき，「身

近な生活に関わる見方・考え方」をはじめ、様々な見方・考え方を有している。それが生活科の学習において生かされるとともに、そのことが一層「身近な生活に関わる見方・考え方」を強めていくのである。

　生活科の学習過程は思いや願いを実現する過程である。人は、何らかの思いや願いを実現しようとするとき、どのようにするであろうか。ただ思い願うのではなく、自ら考え、判断し、行動しなければ何も実現しないであろう。生活科では、児童が思いや願いを実現していくが、そこには自ずと思考、判断、表現、具体的な活動や体験が存在するのである。このような生活科の学びは、私たちの実生活、実社会における営みに近い。

　このような新しい学習指導要領を踏まえ、ここでは生活科の学びの原理を次のように示すことができる。

　ア　思いや願いを実現する過程そのものを学習過程とする、物語性のある学びであること
　イ　具体的な活動や体験を通して、身近な人々、環境を自分との関係で捉える体験的、総合的な学びであること
　ウ　自分自身やその成長も学習対象であり、一人一人の意欲や自信につながる自己実現としての学びであること

第1章　生活科の学習指導要領を読む

第4節
生活科における「主体的・対話的で深い学び」

1　主体的・対話的で深い学びの実現

Q 生活科における「主体的・対話的で深い学び」とはどのようなものですか。

　新学習指導要領の「第1章　総則」には，「主体的・対話的で深い学び」について，次のとおり示されている。今回の改訂の趣旨が実現するためには，主体的・対話的で深い学びを実現することが重要であり，それに向けた授業改善を行うことを示していると考えられる。

第3　教育課程の実施と学習評価
　1　主体的・対話的で深い学びの実現に向けた授業改善
　　各教科等の指導に当たっては，次の事項に配慮するものとする。
　(1)　第1の3の(1)から(3)までに示すことが偏りなく実現されるよう，単元や題材など内容や時間のまとまりを見通しながら，児童の主体的・対話的で深い学びの実現に向けた授業改善を行うこと。

　また，上記に関連して，「第2章　各教科　第5節　生活」では，次のとおり示されている。

> 第3　指導計画の作成と内容の取扱い
>
> 　1　指導計画の作成に当たっては，次の事項に配慮するものとする。
>
> 　(1)　年間や，単元など内容や時間のまとまりを見通して，その中で育む資質・能力の育成に向けて，児童の主体的・対話的で深い学びの実現を図るようにすること。その際，児童が具体的な活動や体験を通して，身近な生活に関わる見方・考え方を生かし，自分と地域の人々，社会及び自然との関わりが具体的に把握できるような学習活動の充実を図ることとし，校外での活動を積極的に取り入れること。

　ここでは，主体的・対話的で深い学びの実現を図ることが，生活科の教科目標に示された言葉との関係で記述されている。生活科については，教科として目指すところを実現していくことが，主体的・対話的で深い学びの実現と重なるものであることが示されていると考えられる。

2　生活科における主体的・対話的な学び

　生活科の学習過程は，児童が思いや願いを実現していく過程である。また，生活科の学習には自分との関わり，自分の生活，自分自身など「自分」が位置付く。このようなことから，生活科の学びが主体的な学びであり，主体的な学びでなければならないことは当然のことであると言えよう。生活科にとって，主体的な学びはその本質である。

　思いや願いには，「もっと楽しくしたい」というように遊びの発展として生まれてくるものもある。また，人が本来もっている知的好奇

第1章　生活科の学習指導要領を読む

心や優しさなどに基づくものもある。そのような思いや願いであるからこそ，問いを与えられて考えたり指示されて考えたりするのではなく，児童が自ら主体的に考えることや主体的に動くことにつながるのである。

思いや願いを実現する過程では，主体的な学びにおいて一緒に学ぶ学習者同士の対話，環境との対話，自己内の対話が欠かせない。学習の過程で出合う様々な問題や困難を解決したり乗り越えたりして，思いや願いがよりよく実現するためには，対話を通して問いかけたり新しい視点を得たり励まされたりすることが必要なのである。

3　生活科における深い学び

生活科における学習活動は，具体的な活動や体験を含め多様であり，それは本来深い学びへと向かうものである。その中でも特に気付きの質が高まるような学習は，生活科における深い学びの典型として考えることができる。

新学習指導要領の「内容の取扱い」には，気付きを表現することや気付いたことを基に考えることについて，次のような記述が見られる。

2　第2の内容の取扱いについては，次の事項に配慮するものとする。
(1)　地域の人々，社会及び自然を生かすとともに，それらを一体的に扱うよう学習活動を工夫すること。
(2)　身近な人々，社会及び自然に関する活動の楽しさを味わうとともに，それらを通して気付いたことや楽しかったことなどについて，言葉，絵，動作，劇化などの多様な方法により表現し，

考えることができるようにすること。また，このように表現し，考えることを通して，気付きを確かなものとしたり，気付いたことを関連付けたりすることができるよう工夫すること。

(3) 具体的な活動や体験を通して気付いたことを基に考えることができるようにするため，見付ける，比べる，たとえる，試す，見通す，工夫するなどの多様な学習活動を行うようにすること。

（後略）

　具体的な活動や体験などを通して一人一人の児童に生まれた気付きは，表現された後，例えば整理されたり分類されたりすることで，関連付いたり一般化したり次の活動へ発展したりする。そして，一人一人の思いや願いの実現や，共通の思いや願いの実現に向けて進んでいく。このように気付きのもつ意味がより確かになっていくとき，気付きの質が高まったということができる。つまり，生活科における深い学びの一つのイメージと考えることができるのである。

　主体的・対話的で深い学びは，本来個別の学びの状況ではなく，学びが真の学びとして成立する際に一体的に必要となる要件である。特に生活科においては，生活科の学びを追求し創造することと主体的・対話的で深い学びを実現することが同じことであることに改めて留意したいところである。

第2章

学習指導要領に基づく生活科
の授業づくりのポイント

第2章　学習指導要領に基づく生活科の授業づくりのポイント

第1節
生活科の内容の全体構造

Q　生活科の内容はどのように改訂されましたか。

1　生活科の内容の改善点

　これまで生活科の内容に関しては，内容構成の基本的な視点（「(1)自分と人や社会とのかかわり」「(2)自分と自然とのかかわり」「(3)自分自身」）を基に具体的な11の視点が設定され，育成を目指す児童の姿が示されてきた。また，こうした児童の姿の実現に向けて，内容構成の具体的な視点を視野に入れながら，15の学習対象が整理されてきた。そして，内容構成の具体的な視点と学習対象を組み合わせ，そこに生まれる学習活動を核として生活科の内容が構成されてきた。

　こうした生活科の内容について，平成28（2016）年12月の中央教育審議会答申においては，育成を目指す資質・能力の三つの柱を踏まえつつ，生活科の三つの基本的な視点を踏まえて，その構成を見直す必要があることが示された。具体的には，各内容項目について，学習対象を基に内容を構成するのではなく，①伸ばしたい思考力・判断力・表現力等が発揮され，認識を広げ，期待する態度を育成していくという点を重視して整理し，②そうした資質・能力を育成するためにふさわしく，児童の身の回りにある学習対象を，児童の実態や学習環境の変化，社会的要請等を踏まえて示すことで，内容を整理することが適

30

当とされた。特に，思考力等については，できるだけ具体的に示すようにすること，認識を広げることについては，個別の気付きを関係的な気付きとして質が高まるようにすること，11の視点で示してきた児童の姿（態度）については，幼児期の終わりまでに育てたい幼児の姿との関連や，中学年以降の各教科等における学習との関連を考慮しながら見直すこととされた。

これらを受けて，生活科の内容については，9項目（「学校と生活」「家庭と生活」「地域と生活」「公共物や公共施設の利用」「季節の変化と生活」「自然や物を使った遊び」「動植物の飼育・栽培」「生活や出来事の伝え合い」「自分の成長」）が，〔学校，家庭及び地域の生活に関する内容〕〔身近な人々，社会及び自然と関わる活動に関する内容〕〔自分自身の生活や成長に関する内容〕の三つに整理されるとともに，四つの要素（「学習対象・学習活動等」「思考力，判断力，表現力等の基礎」「知識及び技能の基礎」「学びに向かう力」）により構成されることとなった。

2　内容構成の具体的な視点と内容を構成する学習活動や学習対象

具体的な視点は，各内容を構成する際に必要となる視点である。今回の改訂においても，11の具体的な視点（「ア　健康で安全な生活」「イ　身近な人々との接し方」「ウ　地域への愛着」「エ　公共の意識とマナー」「オ　生産と消費」「カ　情報と交流」「キ　身近な自然との触れ合い」「ク　時間と季節」「ケ　遊びの工夫」「コ　成長への喜び」「サ　基本的な生活習慣や生活技能」）が示された。

内容構成の具体的な視点を視野に入れながら，低学年の児童に関わってほしい学習対象として，これまでと同様の15項目（①学校の施設　②学校で働く人　③友達　④通学路　⑤家族　⑥家庭　⑦地域で生活したり働いたりしている人　⑧公共物　⑨公共施設　⑩地域の行

事・出来事　⑪身近な自然　⑫身近にある物　⑬動物　⑭植物　⑮自分のこと）が示された。

　今回の改訂において，生活科の内容は，内容構成の具体的な視点と学習対象とを組み合わせ，それぞれの内容に応じた学習活動を核とし，育成を目指す資質・能力の三つの柱（「知識及び技能の基礎」「思考力，判断力，表現力等の基礎」「学びに向かう力，人間性等」）を踏まえて内容を構成することになった。「学校と生活」「家庭と生活」「地域と生活」「公共物や公共施設の利用」「季節の変化と生活」「自然や物を使った遊び」「動植物の飼育・栽培」「生活や出来事の伝え合い」「自分の成長」の内容の一つ一つに，育成を目指す資質・能力の三つの柱が明示されたことを，次に示す内容の構成要素を基に捉えておく必要がある。

3　内容の構成要素と階層性

(1)　内容の構成要素

　今回の改訂において，生活科の九つの内容は，「①学習対象・学習活動等」「②思考力，判断力，表現力等の基礎」「③知識及び技能の基礎」「④学びに向かう力」の四つの要素を含む一文で表されるようになった。例えば内容(1)「学校と生活」は，「学校生活に関わる活動（①学習対象・学習活動等）を通して，学校の施設の様子や学校生活を支えている人々や友達，通学路の様子やその安全を守っている人々などについて考える（②思考力，判断力，表現力等の基礎）ことができ，学校での生活は様々な人や施設と関わっていることが分かり（③知識及び技能の基礎），楽しく安心して遊びや生活をしたり，安全な登下校をしたりしようとする（④学びに向かう力）」という構成になっている。

　これまでの内容「(1)学校と生活」を今回の構成要素から考えると，

「学校の施設の様子及び先生など学校生活を支えている人々や友達の ことが分かり（知識及び技能の基礎），楽しく安心して遊びや生活が できる（学びに向かう力）ようにするとともに，通学路の様子やその 安全を守っている人々などに関心をもち（学びに向かう力），安全な 登下校ができるようにする（学びに向かう力）」（下線は学習対象）と なり，「思考力，判断力，表現力等の基礎」に関する記述がなかった ことが分かる。

　もとより生活科は，資質・能力の育成を大切にしてきた教科である が，今回の改訂において改めて，求められている資質・能力の三つの 柱に合わせて，教科目標や学年目標との関連を考えながら，それぞれ の内容の構成要素が整理されたものである。その結果，表2-1-1に あるように，全ての内容が，四つの要素により構成され，今回の改訂 の趣旨を生かして資質・能力の育成を基にした記述になっている。

　こうした全ての内容の記述において，「学習対象・学習活動等」を 文頭に位置付けているのは，低学年の児童によき生活者としての資 質・能力を育成していくために，対象に触れ，活動することが欠かせ ないからである。「具体的な活動や体験は，目標であり内容であり， 方法でもある」としてきた生活科のこれまでの考えに基づくものでも ある。そして，生活科の学びにおいては，学習活動等を通して対象に ついて感じ，考え，行為していくとともに，その活動によって，対象 や自分自身についての気付きが生まれ，それらが相まって学びに向か う力を安定的で持続的な態度として育成することを大切にしているか らである。

　「思考力，判断力，表現力等の基礎」に関しては，特に内容(4)から (8)において具体的に示されている。例えば内容「(4)それらのよさを感 じたり働きを捉えたりする」，内容「(5)それらの違いや特徴を見付け る」，内容「(6)遊びや遊びに使う物を工夫してつくる」，内容「(7)それ らの育つ場所，変化や成長の様子に関心をもって働きかける」，内容

第2章　学習指導要領に基づく生活科の授業づくりのポイント

「(8)相手のことを想像したり伝えたいことや伝え方を選んだりする」というように，学習過程において意識したいことが明確に示された。

こうした内容構成の示し方の変化やその背景などについて理解しておくことは，新しい視点での生活科の単元づくり，授業づくりにおいて重要なことである。

表2-1-1　生活科の内容の全体構成

階層	内容	学習対象・学習活動等	思考力，判断力，表現力等の基礎	知識及び技能の基礎	学びに向かう力
学校，家庭及び地域の生活に関する内容	(1)	・学校生活に関わる活動を行う	・学校の施設の様子や学校生活を支えている人々や友達，通学路の様子やその安全を守っている人々などについて考える	・学校での生活は様々な人や施設と関わっていることが分かる	・楽しく安心して遊びや生活をしたり，安全な登下校をしたりしようとする
	(2)	・家庭生活に関わる活動を行う	・家庭における家族のことや自分でできることなどについて考える	・家庭での生活は互いに支え合っていることが分かる	・自分の役割を積極的に果たしたり，規則正しく健康に気を付けて生活したりしようとする
	(3)	・地域に関わる活動を行う	・地域の場所やそこで生活したり働いたりしている人々について考える	・自分たちの生活は様々な人や場所と関わっていることが分かる	・それらに親しみや愛着をもち，適切に接したり安全に生活したりしようとする
身近な人々，社会及び	(4)	・公共物や公共施設を利用する活動を行う	・それらのよさを感じたり働きを捉えたりする	・身の回りにはみんなで使うものがあることやそれらを支えている人々がいることなどが分かる	・それらを大切にし，安全に気を付けて正しく利用しようとする

34

自然と関わる活動に関する内容	(5)	・身近な自然を観察したり，季節や地域の行事に関わったりするなどの活動を行う	・それらの違いや特徴を見付ける	・自然の様子や四季の変化，季節によって生活の様子が変わることに気付く	・それらを取り入れ自分の生活を楽しくしようとする
	(6)	・身近な自然を利用したり，身近にある物を使ったりするなどして遊ぶ活動を行う	・遊びや遊びに使う物を工夫してつくる	・その面白さや自然の不思議さに気付く	・みんなと楽しみながら遊びを創り出そうとする
	(7)	・動物を飼ったり植物を育てたりする活動を行う	・それらの育つ場所，変化や成長の様子に関心をもって働きかける	・それらは生命をもっていることや成長していることに気付く	・生き物への親しみをもち，大切にしようとする
	(8)	・自分たちの生活や地域の出来事を身近な人々と伝え合う活動を行う	・相手のことを想像したり伝えたいことや伝え方を選んだりする	・身近な人々と関わることのよさや楽しさが分かる	・進んで触れ合い交流しようとする
自分自身の生活や成長に関する内容	(9)	・自分自身の生活や成長を振り返る活動を行う	・自分のことや支えてくれた人々について考える	・自分が大きくなったこと，自分でできるようになったこと，役割が増えたことなどが分かる	・これまでの生活や成長を支えてくれた人々に感謝の気持ちをもち，これからの成長への願いをもって，意欲的に生活しようとする

(2) 内容の階層性

生活科の九つの内容の関係は，『解説』において図2-1-1のように表されている。今回の改訂においては，第1学年及び第2学年の2年間で実現すべき学年の目標が，階層を踏まえた内容のまとまりごとに三つに整理されたことから，図2-1-1にある階層についての説明が学年の目標と関連して修正されている。このことによって，学年目標

と内容との関係が明らかになった。

　ここで捉えておきたいことは，第1の階層は，児童にとって最も身近な学校，家庭，地域を扱う内容であり，第2の階層は，児童が自らの生活を豊かにしていくために低学年の時期に体験させておきたい活動に関する内容ということである。そして，第3の階層は全ての内容との関連が考えられる階層として捉えていくことである。単元を構成する際には，各内容の構成要素とともに，ここに示した内容のまとまりを意識することが大切である。

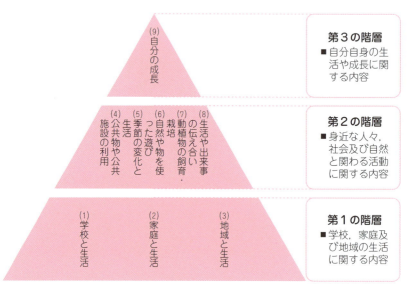

図2-1-1　生活科の内容のまとまり

第2節　生活科の内容と学習材研究の方法

第2節
生活科の内容と学習材研究の方法

1　内容(1)学校と生活

Q　「(1)学校と生活」について取り扱う内容と学習材研究のポイントを教えてください。

(1)　「(1)学校と生活」を読む

(1)　ァ学校生活に関わる活動を通して，ィ学校の施設の様子や学校生活を支えている人々や友達，通学路の様子やその安全を守っている人々などについて考えることができ，ゥ学校での生活は様々な人や施設と関わっていることが分かり，ェ楽しく安心して遊びや生活をしたり，安全な登下校をしたりしようとする。

　他の内容と同様にこの内容にも，以下の四つが構造的に組み込まれている。ア「児童が直接関わる学習対象や実際に行われる学習活動等」イ「思考力，判断力，表現力等の基礎」ウ「知識及び技能の基礎」エ「学びに向かう力，人間性等」である。「育成を目指す資質・能力の三つの柱」（イウエ）を踏まえ，生活科で大切にされ続けている「具体的な活動や体験を通す」（ア）ことを大前提にした構成であることが分かる。

　また，生活科においては，「基礎」と表現されている点においては，幼児教育との連続性で捉えるという意味が込められていると捉えた

37

い。

内容(1)「学校と生活」は，主に第1学年，入学当初の単元として扱われることが多い。スタートカリキュラムとカリキュラム・マネジメントの視点を最大限に生かすべき内容であることは間違いない。生活科を中心とした合科的・関連的な指導や，弾力的な時間割の設定が重要となる。幼児期の教育から小学校教育への円滑な接続を図る観点からもスタートカリキュラムとして単元を構成することが，意識されなければならない内容の一つである。

① 「(1)学校と生活」の意味を確認する

内容「(1)学校と生活」について，「生活科の内容の全体構成」（文部科学省『小学校学習指導要領解説　生活編』平成29（2017）年6月，※以下『解説』 p.27）と『解説』の記述を参考に，前述ア～エが意味するものを確認する。

	『解説』より
学習対象・学習活動等 「学校生活に関わる活動」とは	「学校の施設や利用している通学路にあるものを見付けたり，そこにいる人と触れ合ったりするなどして，学校に自分の居場所を見付け，安心して学校生活を送ることができるようにすること」（p.28）
思考力，判断力，表現力等の基礎 「学校の施設の様子や学校生活を支えている人々や友達，通学路の様子やその安全を守っている人々などについて考える」とは	「児童が学校の施設の様子や学校生活を支えている人々や友達，通学路やその安全を守っている人々や，それらが自分とどのように関わっているかを考えること」（p.28）
知識及び技能の基礎 「学校での生活は様々な人や施設と関わっていることが分かる」とは	「関わりを深めた施設や人々について，それらの位置や働き，存在や役割などの特徴に気付き，それらと自分との関わりに気付くだけでなく，それらがみんなのためや安全な学校生活のためにあることの意味を見いだすこと」（p.29）

第２節　生活科の内容と学習材研究の方法

学びに向かう力，人間性等	「学校の施設，先生や友達などに関心をもって関わろうとすること，思いや願いをもって施設を利用しようとすること，ルールやマナーを守って安全に登下校しようとすること」(p.29)
「楽しく安心して遊びや生活をしたり，安全な登下校をしたりしようとする」とは	

② 「(1)学校と生活」の資質・能力を具体例で読み解く

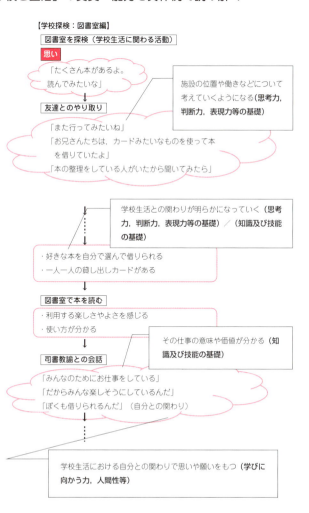

39

『解説』には多くの具体例が示されている。その中でも，代表的な学校の施設である図書室の例を基に，「育成を目指す資質・能力の三つの柱」との関連性を読み解いていく。

③ 「(1)学校と生活」におけるポイント（内容の取扱い）

内容「(1)学校と生活」は，以下の二つが大きなポイントなる。一つは，児童が，「学校での自分の生活を豊かに広げていく」という視点である。二つ目は，幼児期の教育から小学校教育への円滑な接続を図るという点である。

一つ目のポイントは，ドキドキ・ワクワクな気持ちで入学してくる児童が，小学校という新たなるステージで，自分の生活を豊かに広げ，よりよくしていこうとする意識をもち続けられるようにすることである。そのことを意識した教師側の工夫が求められる。それが生活科における究極的な児童の姿である「自立し生活を豊かにしていく」ことへとつながっていく。

二つ目のポイントである，幼児期の教育との円滑な接続については，スタートカリキュラムとして単元を構成することである。生活科を中心とした合科的・関連的な指導や，弾力的な時間割りの設定を行うことがそれにあたる。つまり，児童の思いや願いにそった単元の流れを作っていくことである。その自然な流れの中で児童は，安心し，自らの成長を自覚し，自立へと向かっていくことができる。時にそれは，教師が描いた単元の流れとは異なる場合も考えられる。

どちらも大切にすべきは教師のもつねらい（育成したい資質・能力）と共に，児童の思いや願いである。

(2) 学習材研究の方法

以上の点に留意しながら，この内容に関する活動や学習対象などについて，想定されるものを挙げてみる。

① 活動

活動として挙げられるのは，入学当初の「学校探検」が圧倒的に多

いと考えられる。関連したものとして，学校に慣れてから改めて行う「学校探検Ⅱ」や入学してきた新１年生に学校を案内する「学校探検Ⅲ」（２年生）なども考えられる。

また，学校探検と関連させて，登下校に目を向けさせていく活動も想定できる。その中で児童は，「通学路で自分たちの安全を守ってくれている方の存在に気付き」→「次第に自分自身で行動し」→「いつでもどこでも安定的に行動できる姿へと成長できる」と考えられる。

② 学習対象

学習対象としては，「学校生活に関わる活動を行う」とある。(1)①で確認したように，「図書室」や「保健室」などが学習対象なのではない。例えば，保健室（学校の施設）にあるものを見付け，保健室にいる先生と触れ合うことで，学校に自分の居場所を見付ける。その活動の中で児童が安心して学校生活を送ることができるようにすることまでが，学習対象なのである。通学路に関しても同様に，この一連の流れが学習対象となる。

③ 学習材の選定，構成について

学習対象が「そこにあるものを見付け→そこにいる人と触れ合うなどして→自分の居場所を見付け→安心して学校生活を送ることができるようにすること」という一連の流れであることを意識して，学習材を選定，構成することになる。

しかし，子供たちの活動は，特に生活科の場合，ここまでが学習活動で，ここからが「思考力，判断力，表現力」で，ここからが「知識及び技能」で，と区切って行われるものではない。あくまで教師側がこの学習対象としての一連の流れを意識して，それぞれの場を仕組んでいくことが重要となる。「自由に学校を探検しておいで」と児童に投げかけたとしても，教師はそこに様々な仕掛けを用意して，児童が学習対象から様々な気付きやそれらの意味を見いだしていけるようにしなければならない。

41

【参考文献】
○文部科学省『小学校学習指導要領解説　生活編』平成29（2017）年6月
○文部科学省　国立教育政策研究所　教育課程研究センター
　『スタートカリキュラム　スタートブック』平成27（2015）年

2　内容⑵家庭と生活

Q　「⑵家庭と生活」について取り扱う内容と学習材研究のポイントを教えてください。

(1)　「⑵家庭と生活」を読む

> ⑵　家庭生活に関わる活動を通して，家庭における家族のことや自分でできることなどについて考えることができ，家庭での生活は互いに支え合っていることが分かり，自分の役割を積極的に果たしたり，規則正しく健康に気を付けて生活したりしようとする。

　家庭は，子供にとって最も身近な社会である。家庭では，家族一人一人が仕事や役割を果たしたり，お互いのことを思いやり支え合ったりしながら，毎日の生活を送っている。子供にとって家庭や家族は，自分を支えてくれる場や存在であるとともに，健康な生活を維持するためになくてはならないものである。家庭での生活の中で子供は，家族に遊んでもらったり世話をしてもらったりして，多くの思い出や体験をもっているものである。しかし，この期の子供は，家庭や家族があまりにも身近な存在であることから，そのよさや大切さを感じることが少ない。また，家庭での生活において，自分の役割や自分にできることがあることに気付いていないことが多い。

　家庭環境はそれぞれに違いはあるものの，自分も家族を構成する大切な1人であることや，家族はお互いに支え合って生きているという

第2節　生活科の内容と学習材研究の方法

ことは，共通して言えることである。ここでは家庭生活に関わる活動を行いながら，これらのことに気付き自分の役割を進んで行うことができるようになることを目指している。また，自分自身の生活を見直し，規則正しく健康に気を付けて生活しようとする態度を育てることも目指している。

「家庭生活に関わる活動」については，自分や家族の1日の生活を調べたり，家族の仕事や役割を尋ねてみたりすること，家族のためにできることを考え，実際に試してみることなどが考えられる。このような家庭生活においての具体的な活動を通して，家族や自分の役割についての気付きを高めていきたい。

「家庭における家族のこと」とは，家庭生活の中でのそれぞれの役割，家計や家庭生活を支える仕事，家庭における団らん，家族一人一人の願いなどが考えられる。これらのことについて，家族に尋ねる，手伝うなどの家族や家庭に直接関わる活動を通して，自分と家族のつながりについて見つめ直していくことができるようにすることが大切である。このことによって，家族が自分にとってどのような存在なのかを改めて考え，家族の支えによって毎日の生活を送ることができていることに気付き，それぞれの家族の仕事や役割の価値，家族の存在の大切さやよさなどが分かるようになる。

「自分でできること」とは，自分の役割を見付ける，自分のことは自分でする，家庭内における手伝いをする，家族が喜ぶことを見付けて実践するなどが考えられる。そこで，家庭生活において自分ができることを考え，そのことを実践できる活動を設定していくようにする。また，実践してみたことを発表したり，お互いの実践に対する感想を交流したりすることで，達成感や充実感を感じ，自信をもつことにつながる。なお，活動を進める際は，家庭内のお手伝いだけに焦点を当てた指導にならないように気を付けることが大切である。家庭生活における自分の役割とは，単に家族のためにお手伝いをすることだ

43

けでなく，規則正しい健康的な生活を送ることで家族も幸せな気持ちになることから，「自分のことがきちんと自分でできる」ことも家族の一員として大切な自分の役割であることに気付かせていきたい。そのため，例えば家族の自分に対する気持ちを尋ねる活動や健康的でいることへの願いが書かれた家族からの手紙をもらうなどの活動も効果的であると考える。そして，それらの活動を通して，家族のために役に立っていることを実感し，自分の役割を自覚し，さらに自分にできることを見いだしながら，その役割を積極的に果たしたり，健康的な生活を送っていこうとしたりする態度を育んでいくことができるようにしていきたい。

　この内容を取り扱う際は，近年，家族の形態や取り巻く環境が変化しており，家庭環境が多様化していることから，個々の子供の家庭状況を踏まえた配慮が必要である。子供一人一人の家庭の状況を把握した上で，指導計画をつくり必要な配慮を講じていくことが必要である。さらに，保護者の価値観も多様化している現状から，家族からの手紙の提出や家庭でのお手伝いなどの活動などで，家庭の協力を得ることが難しい場合が生じることも考えられる。そのような場合は，適切な配慮が必要である。例えば，単元の直前になって保護者への協力を依頼するのではなく，家族単元に対するねらいを年度当初の保護者会等を活用して事前に伝え，協力を依頼しておくなどの働きかけを行うことで，保護者の理解を得ることにつながることもある。また，家庭内のプライバシーに触れる内容を取り扱うことがあることから，個人情報保護の観点も視野に入れた学習活動を設定することが重要である。

　このように，「(2)家庭と生活」に関する単元を設定する際は，配慮すべき点が多く，指導の難しさを感じることもあるだろうが，家庭の理解と協力を得ながら，学習活動を進めていくことにより，保護者にとっても家庭や家族の在り方を見つめ直す機会にもなりうる。「(2)家

第2節　生活科の内容と学習材研究の方法

庭と生活」に関わる学習活動を通して，学校と家庭とが子供の成長の喜びを分かち合う姿を目指し，学習活動を充実させていきたいものである。

(2)　学習材研究の方法

①　考えられる活動について

この内容は，内容構成の具体的な11項目の視点のうち，ア（健康で安全な生活）イ（身近な人々との接し方）エ（公共の意識とマナー）カ（情報と交流）ク（時間と季節）コ（成長への喜び）サ（基本的な生活習慣や生活技能）の視点を基に学習活動を構成していくことが考えられる。特に，イとサの視点に重点を置いた学習活動が求められる。内容を構成する具体的な学習活動や学習対象としては，低学年の児童に関わってほしい15の学習対象から，⑤家族，⑥家庭，⑮自分のことを重点的に扱っていく。

内容構成の具体的な視点を基に，想定すべき学習活動としては，家族にインタビューしたり，家族とともにお手伝いをしたりするなど，家族に直接関わる活動や自分の生活を見直して自分にできることを考えたり，家庭生活で実践したことを他者に伝えて活動の充実感を味わったりする活動が必要になってくると考える。そこで，これらを踏まえ，「(2)家庭と生活」ではどのような活動があるのか，活動のまとまりごとに整理しながら列挙してみると以下のようになる。

活動のまとまり	具体的な活動例
新しい発見ができる活動	・家族や自分の１日について調べる活動 ・家計を支える家族の仕事や家庭生活を支える仕事を調べる活動 ・家族や自分の役割を調べる活動 ・家族の得意なことを調べる活動 ・家族の願いをインタビューする活動 ・自分にできることを見付ける活動 ・家族について調べたことを伝え合う活動 ・家庭でのお手伝いについて情報交換する活動 ・できるようになったことや分かったことを発表する活動

45

興味をもち，自分で考えることができる活動	・家庭内におけるお手伝いを考える活動 ・家族のために自分にできることを考える活動 ・自分の生活を見直し，自分でやらなければいけないことを考える活動 ・家庭生活を楽しくするための工夫を考える活動
いろいろな体験ができる活動	・家庭内のお手伝いをする活動 ・自分にできることをする活動 ・家族が喜ぶことを行う活動 ・家庭生活が楽しくなることを行う活動

②　活動の工夫について

　この内容は，家族や家庭生活が学習対象となることから，家族のことを調べたり，自分にできることを実践したりする活動の場は，家庭が中心となるが，生活科の学習の時間を充実させるためにも，対象となる家族や家庭の存在をどのように持ち込むかが重要である。また，実践する場がそれぞれの家庭となるため，お互いの取組の様子を共有することが難しいことが考えられる。自分の取組をよりよいものへと発展させるためには，他者からの言葉や友達のよさを自分の取組に生かすことが重要である。そこで，お互いの取組が見えるような活動や場の工夫，協働的に新たな活動を見いだしていくことができるような活動の工夫が必要である。

　例えば，家族のことについて考える場面において，ままごと遊びを取り入れながら，それぞれの家族の役割について考えるきっかけにしてみることも考えられる。また，自分にできることを考えたり，家庭での実践を見直したりする活動の際には，実際に皿洗いや掃除などの活動が行える場を設定し，家庭での実践をイメージしながら，互いにアイデアを出し合ったり，それぞれの取組のよさを取り入れたりしながら，新たな活動を見いだしていくことができるような工夫が必要である。

　さらに，お互いの実践を発表する場面では，言葉での発表だけでなく，写真や映像，実演など多様な表現方法を取り入れて行うことによ

り，家庭生活での取組がより具体的に伝えられるとともに，その取組のよさを共有することもできる。また，発表会には保護者を招待し，子供の発表に対してその場で感想を伝えてもらうことも効果的である。子供にとってもっとも信頼し，安心できる存在である保護者からの価値付けは，子供たちにとって，もっとも満足感や達成感を味わいやすいものであると考える。

③　他の内容との関連について

　この内容で扱う家庭生活は，子供の生活圏の中心であることから，他の内容との関連を図った活動を取り入れていくことも大切である。また，実施の時期を夏休みや冬休みといった長期休業に合わせることによって，より家庭での実践をじっくり，たっぷり行うことができる時間を確保することも可能となる。

　例えば，家族と過ごす夏休みについて考えることを通して，夏休みの過ごし方について自分の生活を見直してみたり，日頃はできないお手伝いにもチャレンジしてみたりすることができる。夏休み中の年中行事や地域の行事のお盆や夏祭りに参加することを通して，家族とともに過ごす喜びや楽しさを実感することもできる。また，他の内容の学習活動を生かして，学校で自分が栽培した野菜を家族のために調理して食べる，身近な物を使って製作したおもちゃなどを家族に紹介し遊んでもらうなどの活動を取り入れることで，自分の工夫によって家庭生活を明るく楽しいものにすることができることに気付くことができる。こういったことを通して，家庭生活が楽しくなるように，自ら家族や家庭生活に働きかけていく姿を生み出すことができるものと考える。

【参考文献】
○寺尾慎一『平成20年改訂小学校教育課程講座　生活』ぎょうせい，2008年
○寺本　潔『教科力シリーズ　小学校生活』玉川大学出版部，2016年

第２章　学習指導要領に基づく生活科の授業づくりのポイント

○原田信之・須本良夫・友田靖雄『気付きの質を高める生活科指導法』東洋館出版社，2011年

3　内容⑶地域と生活

Q　「⑶地域と生活」について取り扱う内容と学習材研究のポイントを教えてください。

(1)　「⑶地域と生活」を読む

⑶　地域に関わる活動を通して，地域の場所やそこで生活したり働いたりしている人々について考えることができ，自分たちの生活は様々な人や場所と関わっていることが分かり，それらに親しみや愛着をもち，適切に接したり安全に生活したりしようとする。

　初めて親から離れ自分で登校する１年生の子供たちにとって，活動範囲は狭く限られている。そんな子供たちが，家庭，学校の次に出合う環境が地域であり，子供たちは，徐々に地域へと生活の場を広げていく。

　この内容は，子供たちが身近な生活圏である地域に実際に足を運び，そこで生活し，働いている人々と交流したり，地域で行われている様々な活動を実際に体験したりすることで，地域と自分たちがどのように関わっているのかに気付くことをねらいとしている。さらに，地域の人々や場所と関わる中で，地域に親しみや愛着をもち，地域を大切にする気持ちや積極的に関わろうとする気持ちを育み，生活を楽しく豊かにし，安全で安心な生活を送ることができるようになることが望まれている。

　これらの学習で培った生活上必要な習慣や技能，生活上の課題に立

48

ち向かう意欲や自信等の資質や能力，そして自分の育った地域に対する誇りは，今後の子供たちの生活において，生きる礎となり，どんな場所でもたくましく生きていく力になると考える。

(2)　学習材研究の方法

　生活科は具体的な活動や体験に基づく教科であり，そんな生活科にとって地域は重要な活動の場となる。

　どんな地域にもそれぞれ特色があり，豊富な活動や体験のできる学習材が存在する。学校から地域に一歩足を踏み出せば，そこには，様々な生き物や植物が生存し，人々の生活が営まれている。稲が波打つ田園風景に出合うこともあれば，ビルが建ち並ぶ大都会の景色もある。それぞれ特色のある地域に出て活動し，様々な人とふれあうことで，自分で問題を見付け，自分事として解決していくことのできる主体的な学びが生まれる。

　また，生活科をはじめ，学校生活で育まれた資質や能力を存分に表現し発揮することができる場としても地域は重要な役割を果たす。学習したことを，言葉や劇化，動作等で表現するだけに限らず，「おはようございます！」と出会った人に元気に挨拶をする，マナーを守って公園で遊ぶ等，身に付いた力を自分の生活に生かすことができる実践の場が地域である。

　さらに，地域で活動することで，愛着をもつ場が増え，地域の人々と親しくなり顔見知りも増える。最近は，近所の人が子供の顔を見てもどこの家の子か分からない時代となってしまった。そんな時代でも，地域を知り，顔見知りの大人がいるということは，子供にとって地域が安全で安心して暮らしていける環境となるということなのである。

　このように，体験を重視し，自立し生活を豊かにしていくことに向かう生活科にとって地域はなくてはならない場所であり，そこから学習材を見付けることは，それほど難しいことではないと考える。

それでは，どのような観点から学習材を探すことができるのだろうか。

● 『人・場所・こと』に着目！

自分たちの住んでいる地域には，「どんなすごい人がいるのだろう」「どんな場所があって，どのように使われているのだろう」「どんな楽しいことがどんな目的で行われているのだろう」のように，『人・場所・こと』に着目すると，学習材を見付けやすく，また，それぞれが関わり合っていることが多いため単元を構成しやすい。

① 地域の人々に着目

【学習材1　ぼく・わたしのおじいちゃん・おばあちゃん】

高齢化が進み，地域にはたくさんの元気なお年寄りが，趣味や娯楽を楽しみながら暮らしている。お年寄りは知識も経験も豊富で，お話を聞き一緒に活動するだけで低学年の子供たちの目は輝きだす。同様にお年寄りも子供たちから元気をもらうことができる。このように高齢者との交流は，互恵関係にある活動となる。

高齢者と簡単に交流するには，祖父母が一番である。自分たちにとって最も身近なお年寄りであり，周囲に知っている人も多い。さらに，祖父母にとっても，孫がいるクラスで活躍できるとなると，意欲も増す。連携も児童を介して手軽にできるし，時間に余裕のある方が多いので繰り返し交流することもできる。

おじいちゃんの畑で野菜や果物の収穫体験をし，野菜作りのこつを学んだり（写真1），おばあちゃんに地域に伝わる昔の遊びを教えて

写真1　おじいちゃんの畑

もらったり，さらに，おじいちゃん・おばあちゃんを招待し，自分たちの学びを紹介することもできる。

日々の子供たちとの会話の中におじいちゃん・おばあちゃんは頻繁に登場し，その中から活動につながるヒントを

見付けることができる。

② 普段から活用している場所に着目

【学習材2　地域センターはどんな場所?!】

地域センターは、どんな地域にもあり、多くの人々が利用している（写真2）。日々行われているメニューも、利用する年齢や目的も様々である。そのため、児童の思いや教師の願いを実現することのできる単元を構成しやすい場所といえる。

写真2　地域センターで行われる元気塾

「地域センターで行われている『敬老会』や『子供会』はどんな目的で行われているのかな？」「どんな人が地域センターを利用しているのかな？」等、子供自身で課題を見付け、繰り返し足を運んで調べることができる。

地域センターで働いている人や利用している人に直接話を聞いたり、実際に自分も地域センターで行われている活動に参加してみたり、また、学校で学んだことを地域センターに掲示してもらったり、様々な活動の展開が可能である。

その中で地域の人の様々な工夫やつながりに気付き、学びが深まっていく。さらに、地域に対する親しみや愛着もわき、自分も地域のイベントに参画しようとする気持ちが芽生えてくる。

③ 参加できることに着目

【学習材3　地域の自慢！祭り】

多くの地域で色々な祭りが行われている。夏には、盆踊りや出店で賑わう「夏祭り」、秋には収穫を祝う「秋祭り」等季節の祭り、その地域に伝わる文化的な祭り、産物を紹介する祭り等、種類も形式も様々である。

祭りを学習材として単元を構成することで、自分の生活に関わる主

体的で深い学びが考えられる。祭りに行ってみる，祭りに関わる人の話を聞いてみる，自分も祭りに参加してみる，のように繰り返し関わっていくことで，地域の人々の願いや思いを知り，たくさんの人々が祭りと関わっており，自分の生活ともつながっていることに気付き深い学びとなる。それがさらに，地域に対する親しみや愛着となっていくのである。

● 『他教科等との関連』に着目！

　他教科等との関連を意識した生活科の単元構成を考える場合も，地域は優れた学習材となる。自分の身近な生活環境が普段の学習に生かされることは，子供たちにとって分かりやすく，課題が自分事となり，主体的な学びとなる。さらに，教科等間の横断的なつながりを実感することで，学習の楽しさや奥深さを味わうことができ，次の学習や生活の場面でもつながりを考えようとする態度が育まれる。

【学習材①　国語科との関連】

　地域を探検し様々な場所や人々に出会うことで，「自分の住んでいる地域には素敵な場所があり，素敵な人がたくさんいる」ことに気付くことができる。すると子供たちは，気付いたことを家族や他地域の人に紹介したくなる。そこで，国語科の学習と関連させ，「名人図鑑」「紹介カード」等を作成することができる。図鑑やカードを作成するには，繰り返し足を運びさらに深く追究することが必要となり，自然と学びを深めていくことができる。

【学習材②　図画工作科との関連】

　地域で経験したことを絵に表したり，地域の名人をゲストティーチャーとして迎え工作をしたりすることで，図画工作科との関連も考えられる。

　家の近くの池で釣った「ザリガニ」の絵（写真３）や，楽しかった「夏祭り」の絵を描くことで，「ザリガニのはさみは，こんな形だっ

第2節　生活科の内容と学習材研究の方法

写真3　ザリガニ釣りの体験を描いた絵

た」「高学年の和太鼓がかっこよかったから，僕たちもやってみたい」等学びの質も深まっていく。

　また，地域の木工名人に来ていただき，割り箸を使った看板作りや花を入れるプランター作り等の工作を指導していただく。できた看板を学校や道の駅に飾ったり，プランターで花を育てたりする活動につなげ，学校や地域の役に立つ活動にすることで，子供たちは満足感や達成感を味わうことができる。

【学習材③　音楽科との関連】

　地域の「素敵」を替え歌にしたり，地域に伝わる伝統的な舞を鑑賞したり舞ってみたりする等音楽科との関連も考えられる。

　一度町探検にでかけ，気付いたことを例えばアニメソングの替え歌などとして作ってみる。その歌をクラスのテーマソングとし，探検に出発する前に歌うことで地域のよさや特徴を再認識することや，大きな行事の前に歌うことでクラスの団結力を増すことができると考える。

　いずれにしても，地域を学習するには，教師が地域のことを知らなければならない。何度も地域に足を運び，たくさんの人と話をすることで学習材も見付けやすく，深い学びにつながる単元の構成を可能にする。さらに，常にアンテナを張り，地域の話題や子供たちのつぶや

きに耳を傾けることが大切である。そして，クラスの実態にあった学習を考え，教師自身が楽しむことが最も重要であると感じる。

このような，教師の意識や日々の努力によって，学習材の可能性が広がっていくと考える。

4　内容⑷公共物や公共施設の利用

Q　「⑷公共物や公共施設の利用」について取り扱う内容と学習材研究のポイントを教えてください。

(1)　「⑷公共物や公共施設の利用」を読む

⑷　公共物や公共施設を利用する活動を通して，それらのよさを感じたり働きを捉えたりすることができ，身の回りにはみんなで使うものがあることやそれらを支えている人々がいることなどが分かるとともに，それらを大切にし，安全に気を付けて正しく利用しようとする。

公共物や公共施設のもつよさとは，一言で言えば，その「公共性」である。つまり，この内容で扱う対象は，みんなのものであり，自分だけのものではない，ということである。個々の認識や対象への主観的な愛着を重視する生活科において，「自分だけの○○」と言えないのは，この内容だけであろう。自分にとって大切なものや楽しい場所であるが，そのことは，みんなにとっても同じことであることを気付くことが社会への気付きであり，社会への扉でもある。これが，公共物や公共施設のもつよさであり，こういったことを体験的に実感することが，公共物や公共施設を生活科で扱う価値である。

では，公共物や公共施設のよさを感じたり働きを捉えたりすること

ができるとは，どのような児童の姿と捉えればよいのか，単元終了時にどのような児童の思いへと高めればよいだろうか。気付きの情意的な側面と知的な側面から述べる。情意的な側面から言うと，「（公共物や公共施設）を使うって，楽しいね」「（公共施設など）にいる〜〜さんって，優しいな。また行ってお話したいな」といった言葉になろう。知的な側面から言うと，「（公共物や公共施設）って，〜〜するもの（ところ）なんだね」「みんなが使うもの（ところ）だから，大切にしなきゃ」といった言葉になろう。活動後の振り返りで，このような声が児童から聞こえてくるような単元や授業づくりを行いたい。こういった気付きを目指す学びが，本内容における「深い学び」と言えよう。

　さらに，本内容では，公共物や公共施設を支えている人々がいることなどが分かることも求められている。こういった人々は，直接見ることができない「公共」を，体現化したものとも捉えることができる。児童は，このような人々との関わりを通して，公共物や公共施設に親しみをもつことができるほか，インタビュー活動などを行うことで，公共物や公共施設の利用者からの視点だけでなく，管理者からの視点からも捉えることで，公共物や公共施設の働きなどを多面的・客観的に捉えることへと広がっていくのである。したがって，こういった人々を介しても，児童は「公共」のよさを体感していくのである。

　このようにして，公共物や公共施設のよさや本質的な価値を実感することによって，それらに対して親しみや愛着をもつようになってくる。このような親しみや愛着をもつ姿こそ，公共物や公共施設を自分との関わりで捉える姿であり，深く学ぶ姿と言えよう。

　そして，児童がもった親しみや愛着は，さらなる働きかけへと発展する。利用した公共施設の職員にお礼の手紙を書いたり，もう一度出かけてもっと上手に利用したりといった，児童の側からの創造的な働きかけへと発展させることも大切である。こうすることによって，児

童が，進んで公共物や公共施設を利用しようとする態度がより安定的なものへと高まっていくのである。

　ここで留意したいことは，事前・事中・事後の指導を丁寧にかつ，学びの連続に即して行うことである。公共の場では，公共物や公共施設をみんなが気持ちよく利用するために，ルールやマナーが存在する。こういった公共の場におけるルールやマナーをしっかりと守ることは生活科で身に付けなければならない習慣・技能の一つである。したがって，公共物や公共施設を利用する機会を捉えて指導していくこととなる。例えば，公園を利用する場合，行き帰りの交通安全や公園内での遊び方などに関することを事前に写真等を見せながら事前指導を行う。事中では，公園に着いた際，実際の遊具や公園の使い方を示した看板，トイレなどを見ながら具体的に問いかけながら指導する。もし，ルールやマナーが守れていない場合は，その場で指導する。事後では，ルールやマナーを守ることができたことを価値付けたり，ルールやマナーを守って利用できたときの楽しさや気持ちよさを引き出したりする。このような具体的で丁寧な指導によって，「（公共物や公共施設）っていいな」「また，利用したいな」という思いや願いが育まれていくのである。こういった思いや願いが，「自立し生活を豊かにしていく」子供へとつながっていくのである。

(2)　学習材研究の方法

　児童の身の回りには，数多くの公共物や公共施設がある。今回の『学習指導要領解説　生活編』には，以下のものが例示されている。

公共物の例示……地域や公園にあるベンチ，遊具，水飲み場，トイレ，ごみ箱，図書館や児童館の本，博物館の展示物，乗り物，道路標識，横断旗　など
公共施設の例示……公園，児童館，集会所，公民館，図書館，

> 博物館，美術館，駅，バスターミナル，防災倉庫，避難場所
> など

　これらのものを全て扱うことは不可能である。大切なことは，その学校の児童や地域の実態に応じて，公共物や公共施設を適切に選定し，それを2年間の指導計画上に効果的に配置することである。ここでは，身近な公共物や公共施設を学習材として選定する際に留意したい点と，2年間の指導計画上に配置する際の考え方について述べる。

① 身近な公共物や公共施設を選定するに当たって……

　公共物や公共施設を学習材として選定するための視点には，大きく次の三つがあると考える。

【公共物や公共施設を選定する際の視点】

> ○　学習目標に関する視点
>
> 　この公共物や公共施設を利用することで，学習目標が達成することができるか。
>
> ○　安全に関する視点
>
> 　子供たちが安全に利用することができるか。（交通安全，不審者，その他の怪我の危険性など）
>
> ○　保健・衛生に関する視点
>
> 　衛生的に利用することができるか。（トイレや衛生面など）

　第一に，「学習目標に関する視点」である。端的に言えば，この公共物や公共施設を利用することで，学習目標を達成することができるかという視点である。例えば，A公園は，いつもきれいなお花が咲いていて，多くの人々が利用している。一方，B公園は，あまり人の利用がなく，花壇も放置されている。どちらが，公共性への気付きが得

られるであろうか。当然，A公園であろう。このように，本内容の目標である「公共物や公共施設のよさへの実感」「公共性への気付き」に迫るために，より効果の期待できる公共物や公共施設を選定する必要がある。

　第二に，「安全に関する視点」である。児童が公共物や公共施設を利用するに当たって安全に利用できるかという視点である。これは，多くの公共施設では，十分に配慮されているであろうが，例えば，公園の場合，遊具が前日の雨でぬれていて滑りやすくなっていないかなど，細かい点で確認しておく必要がある。また，それでも事故や怪我が生じてしまった場合に備えて，救急箱を持参したり，携帯電話を持参して緊急連絡が可能にしておいたりすることも必要であろう。また，公共物や公共施設の場所へ移動する間の安全も確認する必要がある。

　第三に，「保健・衛生に関する視点」である。現地で児童が体調不良を訴えた場合の対応や休憩場所，トイレ等の場所や衛生面を確認しておく必要がある。

　では，実際に校区内の公共物や公共施設を事前調査する際のチェックポイント例を挙げる。

【校区内の公共物や公共施設を事前調査する際のチェックポイント例】

　○　学習目標に関する視点

　・公共の「人・もの・こと」の役割に気付くことができ，それらのよさを体験することができるか。

　・「人」が存在する場合，インタビューなど可能か。

　・高齢者や妊婦，身体障害者など，多くの人々が使いやすいような工夫がなされている箇所があるか。（ユニバーサルデザイン等）

　・多様な人々が利用している様子が分かるか。

第2節　生活科の内容と学習材研究の方法

○　安全に関する視点
・施設内に危険箇所はないか。（駐車場などの交通量，玄関の
　ドア，階段，転落事故の可能性がある箇所　等）
・公園ならば，遊具や池，川などの安全性はどうか。
・ハチやヘビなど，危険な生き物はいないか。
・移動の途中に危険箇所はないか。（交通安全の視点も含め）
○　保健・衛生に関する視点
・トイレはあり，使用可能で衛生的か。
・体調不良の児童への対応はどのようにできるか。
○　その他，移動に関することなど
・バスや電車等で行くとしたら，その時間や経費。
・移動に時間を要するときは，途中休憩できるか。

※　以上はあくまで例。実際には，状況に応じてチェックポイントを検討する。

②　2年間の指導計画を作成するに当たって……

　生活科の学年目標は，児童の発達上の特性や，学校が抱える地域や
児童の実態から，2学年共通で示されている。このような趣旨を踏ま
えて，本内容を2年間の指導計画上にどのように位置付けることがよ
いのか，次の3点から述べたい。

○　関連的，連続的・発展的な位置付け

　入学当初に内容「(1)学校と生活」の中で，学校探検を行う。学校
も，その性質上，公共施設である。学校探検の学習が内容(4)の学習活
動ではないにしろ，学習内容の要素としては，十分に関連がある。そ
して，第1学年の内容(4)の活動として，学校近くの公園を利用した遊
び単元を設定することも考えられる。さらに，第2学年の内容「(3)地
域と生活」の町探検を通して，地域にある資料館や博物館などに，バ
スや電車などを利用していく活動も考えられる。

59

第２章　学習指導要領に基づく生活科の授業づくりのポイント

　このように，他の内容と関連を図り，児童の空間認識の広がりを考慮しながら，連続的，発展的に位置付けることが重要である。

○　**指導の効果を高めるための他教科等との関連**

　例えば，国語科の学習を通して高まった読書意欲を生かして，校外の公立図書館を利用する活動へと発展したり，利用した施設の所員にお礼の手紙を書く活動を国語科で行ったりと，他教科等との関連を図ることで，公共物や公共施設を利用する必要感を高めることへとつながる。また，図画工作科と関連させて美術館の見学や，体育科と関連させて社会体育施設の利用なども考えられる。重要なことは，学校や地域の実態に応じて，柔軟で，必然性のある指導計画を作成し，児童にとって思いや願いの実現のストーリーが生まれる指導計画を作成することである。

○　**幼児期の教育及び中学年以降の教育との接続**

　幼稚園教育要領等に示される「幼児期の終わりまでに育ってほしい姿」の中の「社会生活との関わり」の中に，「（前略）公共の施設を大切に利用するなどして，社会とのつながりなどを意識するようになる」と記述がなされている。したがって，入学前の幼児が，どのような公共物や公共施設の利用を経験しているか把握し，①に示したような関連的・連続的・発展的に位置付けていくことが求められる。また，第３学年以降の教科等への学びに生かすことができるようにしたい。社会科見学や総合的な学習の時間の調べ学習など，公共物や公共施設を進んで適切に利用し，自らの学習や生活を豊かにする児童を目指す計画的・意図的な生活科カリキュラムを創造したい。

　以上の考え方を踏まえた年間指導計画例を，第３章第４節で示す。

【参考文献】
○文部科学省『小学校学習指導要領解説　生活編』平成29（2017）年6月
○文部科学省『幼稚園教育要領』平成29（2017）年3月

5 内容⑸季節の変化と生活

Q 「⑸季節の変化と生活」について取り扱う内容と学習材研究のポイントを教えてください。

(1) 「内容⑸季節の変化と生活」を読む

⑸ 身近な自然を観察したり，季節や地域の行事に関わったりするなどの活動を通して，それらの違いや特徴を見付けることができ，自然の様子や四季の変化，季節によって生活の様子が変わることに気付くとともに，それらを取り入れ自分の生活を楽しくしようとする。

この内容は，自然体験の少なさや地域の行事から遠ざかっていることが課題として挙げられる中，児童が自然の事物や現象に目を向け，親しく関わり，季節とその移り変わりを感じる活動を通して，季節によって自然や生活の様子が変わることに気付くとともに，その違いや特徴を生かしながら生活に取り入れることで，自分の生活を楽しくできるようにすることを目指している。

身近な自然を観察する活動では，近くの公園，野原，川など野外に出掛け，視覚，聴覚，触覚，嗅覚などの諸感覚を使って直接自然と触れ合う活動を通して，そこで出合う生き物，草花，水，風，光，氷などに興味・関心をもち，繰り返し自然と関わることで，自分なりの思いや願いをもって注意を向け，さらに活動に没頭するようになることが考えられる。例えば，野外でモミジの種が風に乗ってくるくる回って落ちることに興味をもち，じっと見たり何度も手で飛ばしてみたりすることで，種の形や大きさ，構造などに注意を向けるようになり，こだわりをもってさらにじっくりと観察するようになる。

第2章　学習指導要領に基づく生活科の授業づくりのポイント

　季節や地域の行事に関わる活動では，七夕，秋祭り，お正月などの時，地域へ出掛け，お祭りの手伝いをする活動や，保存・継承に携わる人から話を聞いたり実際に見せてもらったりするなど地域の人と関わる交流活動を通して，季節にちなんだ地域の行事に興味をもつことなどが考えられる。これらの活動を通して，様々な行事には人々の幸せや地域の発展を願う思いが織り込まれていることや，季節に合わせて生活を楽しくしたり地域の結び付きを大切にしたりしていることなど，季節と人々との生活のつながりや暮らしぶりを知ることができる。

　それらの違いや特徴を見付けることができるとは，身近な自然や行事には，同じ性質や変化があること，異なる特徴や違いがあること，時間の変化や繰り返しがあることなどに注意を向け，自覚することである。例えば，自然にどっぷりと浸り，体全体を使って直接関わる体験活動を繰り返すことを通して，自然の素晴らしさを十分に味わうとともに，「同じ場所なのに，この前と，葉っぱを踏んだ時の音が違う」「形は似ているけど，大きい種があった」と比べたり分類したりするなど，自ずと違いや特徴を考えるようになる。

　自然の様子や四季の変化，季節によって生活の様子が変わることに気付くとは，身近な自然の共通点や相違点，季節の移り変わりに気付いたり，季節の変化と自分たちの生活との関わりに気付いたりすることである。例えば，同じ公園に春，秋と繰り返し出掛けることで，春の様子と比較し，木の葉の色付きの様子や落葉の状況に気付く。それだけでなく，活動を振り返り交流することで，気付きが自覚化され関連付けられ，「春と違って秋には葉っぱが茶色になって地面に落ちる」といった，秋の木々の特徴や変化に気付くようになる。さらに，「きれいな葉っぱを教室に飾ろう」「みんなでドングリゴマまわし競争をしよう」などと自分の生活に取り入れることで，四季の変化が自分の生活に変化を生み出していることにも気付き，秋の季節感を確実に自

62

分のものにしていく。

　それらを取り入れ自分の生活を楽しくしようとするとは，自然との触れ合いや行事の中で気付いたことを，毎日の生活の中に生かし，自分の暮らしを楽しく充実したものにしようとすることである。例えば，「お正月にはどんなことをするのか」をお年寄りにインタビューする活動を行う中で，鏡餅や門松に興味をもち，自分たちでも「作ってみたい」という思いをもつようになる。そうした場面を取り上げ，学校行事等と関連を図りながら，実際に正月飾りを作ったり，餅の味付けについて考えたり，地域の人を招待したりして「もちもちパーティーへようこそ！」を行うことで，生活の中に自然や季節があることの心地よさや快適さ，清々しさ等を感じ，自らの生活を楽しく潤いあるものにしていこうとするようになる。

飾りたいな　すてきな秋の宝物　　ドングリゴマどっちがよく回るか　　何をお願いしようかな（七夕飾り）

(2)　学習材研究の方法

①　自然と自分との関わりを深める学習活動の展開

　季節は，気温や日照時間の変化により起こった，雲，風，雨，雪，光などの自然現象に伴い，自然の様子がそれぞれの特徴をもちながら，春，夏，秋，冬と法則性をもって移り変わっていく。季節の変化とともに，動植物は一定の順序で成長し，形態や活動場所などを変え，人間の食べ物，衣服，生活の楽しみ方なども季節に合わせて変化していく。

　自然の変化は児童にとって好奇心や探究心をかき立てられる不思議さに満ちている。体全体を使って自然に浸り，繰り返し遊ぶことを通

して,「秋はきれいな色がいっぱいでいいな」「ダンゴムシが脱皮して大きくなったよ」「1粒の種からいっぱい種ができた」「寒くなると木の実が熟して食べられる」など,自然の大きさ,美しさ,巧みさ,不思議さ,面白さなどに心を揺さぶられる。感性を豊かに働かせるとともに,対象を自分との関わりで捉えることのできる学習活動を展開することが重要である。

ア　自然へと誘うきっかけづくり

　活動のスタートは,教師からの指示ではなく,「自然と関わり遊びたい」という強い思いや願いが引き出され膨らんでいくように,日常生活とつなげながら児童を自然へと誘うきっかけを工夫する。例えば,児童が持ってきたクルミを朝の会で紹介し「秋のお宝箱」にためる,他教科で学習した秋の歌や絵本,いもほりの絵,アケビの味を表現した川柳を掲示する,「お店で大きなスイカを売っていた」「オタマジャクシを捕まえた」という日記を紹介する,6年生がプール掃除で見付けたヤゴをきっかけに生き物探しが始まる,幼児からの手紙をきっかけに秋祭りの活動が始まるなど,児童の意識が自ずと自然に向くよう工夫したい。

〔秋の環境づくり〜秋の絵・歌・写真・実物コーナー・地図・図書資料など〜〕

見付けたクルミと栗の実

いもほりの絵

イ　諸感覚を働かせ,繰り返し自然と触れ合う活動の設定

　遊びや対象としては,例えば同じ公園の遊びでも,季節によって次のようなことが考えられる。春のレンゲの冠作りやスズメノテッポウの葉っぱ笛などの草花遊び,夏のバッタやテントウ虫探し,探し疲れた後に木陰で涼しさを体感すること,秋のどんぐり拾い,コスモスの

第2節　生活科の内容と学習材研究の方法

レンゲの冠すてきでしょ

葉っぱのお好み焼きやさんへ，いらっしゃい！

氷のギターができた！

花びら笛，オナモミの的当て，冬の風遊び（凧揚げなど），鉄棒の冷たさや陽だまりのぬくもりを感じること，霜柱割りや氷作りの仕掛け作りなどである。四季を通して同じ公園で諸感覚を働かせながら遊ぶ活動を通して，児童は自分たちの遊びが季節によって変わっていることに自ずと気付くようになる。季節の変化を自分の生活（遊び）との関わりで考えるようになることで，児童は一層身近な自然に関心をもち，自分なりの意味を見いだし，自ら関わっていくようになる。

ウ　思いや願いを実現していく体験活動と表現活動の繰り返し

　ただ単に活動や体験を繰り返していれば体験活動が質的に高まっていくわけではない。例えば，校庭での秋見付けの後，情報交換することで，「もっとたくさん秋見付けをしたい」という思いが引き出され，公園に出かける活動につながっていく。自然と触れ合いながらたっぷりと遊んだ後，遊んだことや見付けたことをカードに記述し地図にまとめていると，掲示していた春の地図を見ながら様子を比べ，「葉っぱのおふとんは，いろいろな色があってきれいだね。春はできなかったよ」という気付きが生まれ，次は友達から聞いた遊びもやってみたいという思いをもつ。表現することで個別の気付きが自覚化され，気付きを交流することで情報と情報が関連付けられ，概念化へ向かい，そのことがさらなる体験活動の充実につながっていく。

エ　複数の内容を組み合わせた単元の工夫

　町探検，生き物探し，飼育栽培，草花遊び，海辺遊び等のいずれの活動内容も季節と密接に関係し，活動から生み出される気付きそのも

65

のも季節と関連している。また，低学年の児童は身近な人々，社会，自然を一体的に認識する発達の段階にある。そこで，例えば，内容「(5)季節の変化と生活」と内容「(4)地域と生活」を組み合わせ，単元を構成することが考えられる。年間を通して身近な田んぼで繰り返し草花遊びや虫取りを楽しむ活動を通して，児童は季節の変化に気付くとともに，大切な田んぼをいつも貸してくださる方の優しさや，身近に素敵な場所があることに気付き，地域へ愛着をもつようになるだろう。そこで，「他にも素敵な場所や人はいないか」と視野を広げ，町探検へ発展することが容易に想定できる。学習に関連性や連続性，発展性が生まれ，児童の思いや願いが一層高まることで，思考が深まるとともに，学びに向かう力等も育まれることが期待できる。

② **地域や学校の環境や実態に合わせた単元の構成や配列**

　季節の訪れや季節の長さなどの環境は，地域によって異なる。北国と南国では，生き物の動きが活発さを増す季節や，栽培可能な植物の品種や時期，暮らしや遊びの様子が変わる節目に大きな差がある。したがって，季節の変化を実感する活動に最適な時期はいつか，活動にふさわしい自然がある場所はどこか，どの季節から始めるとより適切かなど，地域の気候や環境の特色に配慮した指導計画を検討する必要がある。そのためには，改めて地域を歩いてみながら，どの時期のどの時間帯のどの天気の日に，どこにどのような素材や現象があり，どのような活動ができるのかを吟味し，地域の素材と環境を最大限に生かしながら，児童にとって必然性のある魅力的な活動となるようにすることが大切である。その際，前年度までの実践記録や，児童，保護者，地域の自然に詳しい方からの情報も生かすようにする。

　また，「秋の活動を計画していたのに，今年はまだまだ暑くて全く紅葉しない」など，その年によっても違いがあり，暦どおりにいかないのが自然環境の変化である。実際の子供の姿やその年の地域の実態，実現可能性を視野に入れ，児童の関心が生じなかったり予想を超

えた事態が起きたりしても，児童を中心にしながらいつでも単元構想を修正していくことができるよう，柔軟な計画にすることも大切である。

　季節には，時期的，時間的な制約があることを踏まえ，年間を通して，特定の時期に集中させることで，学習効果が一層高まる学習活動も考えられる。例えば，アサガオやカエルの成長を「春から夏」，木の葉の紅葉を「夏から秋」といった一連の活動として扱うことなどが考えられるが，1年生の冬に植えた球根の花が2年生の春に咲く，冬に見付けた卵から春にカマキリが誕生するといった「冬から春」の変化など，2年間のスパンで季節の変化を扱う工夫も考えられる。

　なお，地域の伝統的な行事やイベント的な行事を学習の素材として取り上げる際，学習活動が特定の宗教や宗派のための教育にならないよう，十分に留意する必要がある。

6　内容(6)自然や物を使った遊び

Q　「(6)自然や物を使った遊び」について取り扱う内容と学習材研究のポイントを教えてください。

(1)　「(6)自然や物を使った遊び」を読む

(6)　身近な自然を利用したり，身近にある物を使ったりするなどして遊ぶ活動を通して，遊びや遊びに使う物を工夫してつくることができ，その面白さや自然の不思議さに気付くとともに，みんなと楽しみながら遊びを創り出そうとする。

　まず，この内容を分析してみると，次のような構成になっている。

第2章　学習指導要領に基づく生活科の授業づくりのポイント

①　身近な自然を利用したり，身近にある物を使ったりするなどして遊ぶ活動を通して
→児童が直接関わる学習対象や実際に行われる学習活動等
②　遊びや遊びに使う物を工夫してつくることができ
→思考力，判断力，表現力等の基礎
③　その面白さや自然の不思議さに気付くとともに
→知識及び技能の基礎
④　みんなと楽しみながら遊びを創り出そうとする。
→学びに向かう力，人間性等

　①の部分は，具体的な活動や体験を通して学ぶという生活科の本質的な部分であり，学習の目標であり，内容でもあり，方法にもあたる部分になる。②③④の部分は，今回の改訂で示された育成すべき資質・能力の三つの柱の部分に対応している。

　では，①の部分について考えてみたい。まず，身近な自然とは，水，土，砂，風，光，影，雨，雪，氷，草花，樹木，木の実，木の葉など，児童を取り巻く様々な自然の事物や現象のことであり，児童が遊びのために直接働きかけたり関わったりできるものが対象となる。また，身近にある物とは，児童が楽しく遊ぶために使ったり，遊びに使う物をつくったりする際に使う物であり，空き箱，空き缶，空き容器，割り箸，ストロー，輪ゴム，紙コップ，トレイ，牛乳パック，ペットボトルやキャップ，ひも，洗濯ばさみ，磁石など様々な物が考えられる。また，場所自体がもつ空間的な特徴を生かして遊ぶことなども考えられる。

　②は，「思考力，判断力，表現力等の基礎」を育成することにつながる部分である。したがって，児童が自然に働きかけて遊んだり，遊びに使う物をつくって遊んだりする過程の中で，児童が考えを巡らせ，工夫しながら活動を次々と発展させていくような学習活動が保障

68

されなければならない。大切なことは，児童自身が考えたり工夫したりする場面がいかに生まれるかということである。「今度は，こんな方法でやってみよう」「もっと～になるように工夫したい」「きっとこうなるはずだ」と，児童は，新たな願いをもち，願いを実現するための方法を考え，予想し，仮説をもち，見通しをもって試行錯誤する。その中に，「比べる」「見通す」「試す」「見付ける」「例える」などの子供の学ぶ姿が見えてくる。このような児童の姿を見取り，意味付けや価値付けをしていくことが大切である。

　③の部分は，どのようなことに気付くことをねらっているのかを示している。遊びの面白さとは，没頭し遊び込むことの面白さ，工夫することで遊びが楽しくなっていく面白さ，自分たちで遊びを創り出すことの面白さ，友達と一緒に遊ぶことの面白さなどである。また，自然の不思議さとは，遊んだりつくったりする活動の中で，自分の予想とは違う現象に出合って驚きや疑問を感じたり，自然の中にあるきまりらしきものを発見したりすることである。

　児童は，活動しながら思考し，思考したことを表現したり次の活動に生かしたりする。そこで，児童の動きを漠然と見ないで，児童の表情やつぶやき，活動から，一人一人の考えや気付きを見取ろうとする教師の姿勢が必要である。「どうしたいのかな」「どうして～したの」と対話的に関わることで，児童の考えや気付きを見取り，それらをさらに広げたり深めたりする支援が可能になるからである。それは，無自覚であった気付きをその場で児童が自覚することにもなる。児童が気付きを自覚する場面は，活動中の子供同士，子供と教師の対話の中に生まれていることを忘れてはいけない。

　さらに，気付きをより確かなものにしたり一つ一つの気付きを関連付けたりするためには，伝え合い交流するという視点が必要である。活動中にも自由に情報交換ができるような手立てを工夫したり，意図的に集団化を図ったりすることが必要である。他者との関わりを保障

することで，遊びの面白さや自然の不思議さだけにとどまらず，自他の考えのよさや自分の頑張りや成長にも気付くことが期待できるのである。

　最後に，④の内容について考えてみたい。従前では，「みんなで遊びを楽しむことができるようにする」とあるが，今回の改訂では，楽しく遊んで友達との関わりを広げたり深めたりするだけでなく，「遊びを創り出す」という点が強調されており，友達との関わりを大切にしながら遊びを創り出し，自分たちの生活を楽しく豊かなものにしていこうとする姿が育つことを期待している。

　児童は，「一緒にしよう」「一緒に遊ぼう」と声を掛け合って活動しようとする。1人で活動するよりも，友達と一緒に活動する方がずっと楽しいことを知っているからである。「友達と一緒にしたらアイデアがいっぱい浮かんできたよ」「競争して遊ぶと楽しかったよ」「1年生がルールを守って遊んでくれて嬉しかったよ」「○○さんが，上手にできるこつを教えてくれたよ」と，ここでは，他者と関わることで，自分の遊びや生活が楽しく豊かになっていく体験をたっぷりと保障したい。もちろん，自他の考えや思いのズレに気付き，互いの立場を尊重しながら折り合いをつけていかなければならない場面も生まれる。これを大切な学びの場と考え，支援していくことも大切である。

　このような体験を通して，児童は，満足感や達成感を感じたり，友達と関わることのよさを実感したりする。このことが，自己効力感や自信を育て，自分の生活をより楽しく充実したものにしていこうとする力を育成することにつながるのである。

(2)　学習材研究の方法

①　学習材の可能性

　まず，学習材を選ぶ際には，児童が直接関わったり働きかけたりすることが可能で，それが児童の「遊び」として成立するかどうかという点が重要になってくる。遊びとは，自発的で主体的なものである。

第2節　生活科の内容と学習材研究の方法

「遊び込む」という言葉もあるように，繰り返し関わり，それ自体が楽しい活動になり得るかどうかを検討したい。そこで，

　○学習材や対象に出合った児童は，どんな願いをもつか。
　○どのよう活動が生まれるか。
　○どのような多様性が保障できるか。
　○繰り返し遊ぶ中で活動が発展する可能性はあるか。
　○どのような学びの場面や気付きが生まれるか。

などについて考え，具体的な学習活動をイメージして単元を構成していくことが大切である。

＜土や砂であそぼう＞

　土や砂は，幼稚園等の遊びで経験した児童も多く，可塑性があり，扱いやすく親しみのある学習材である。児童は，手だけでなく体全体を使って，土や砂と一体となり，「掘る，積む，固める，丸める」等の操作を繰り返し，自分の願いを実現していく。山，トンネル，川，ダム，足湯，団子づくり，ケーキ作りなど，活動の多様性も保障できる。また，初めは個々の活動であっても，同じ目的をもつ児童が自然発生的にグループを作って活動を始めたり，「山やダムを川でつなげよう」とダイナミックな活動に発展したりしていく。そこでは，目的を共有する，アイデアを出し合う，分担や協力をするなどの姿が見られる。また，同じ砂場での活動であれば，違う目的で活動している友達の思いを知り，互いの活動を邪魔しないような心遣いが必要な場面も生まれる。

　「ダムの水が減っているよ」など，時間の経過によって気付くこと，活動の回数を重ねることで気付くこともある。ホースを用意した場合としなかった場合では活動が大きく変わってくる。そこで，1回の活動時間，活動の回数，準備物をどう変えていくかなどについて十分に検討しておくことが大切である。

＜水であそぼう＞

第2章　学習指導要領に基づく生活科の授業づくりのポイント

　アサガオが咲くと色水を作りたいと児童が言う。作った色水をペットボトルに入れて並べる。濃さや色味に違いがあることに関心を示し，自分なりの基準で並べ替えて楽しむ。他の花や葉でも色水が作れるのではないかと考えて試してみる。空き容器に水を入れて飛ばす距離を競う。土の上に水で絵を描いて楽しむ。水にいろいろな物を浮かべて楽しむなど，水で遊ぶ活動も多様に広がっていく。

　例えば，シャボン玉を作って遊ぶ。ストローだけでなく，ハンガーを丸く整形したり，モールで丸い輪を作ったり，スチロールのトレイの真ん中を大きくくり抜いたりして道具を工夫して作る。泡だて器やうちわの骨等も面白い。全てを教師が準備するのではなく，少し紹介すると，児童は意欲的に使えそうな物を探したり作ってきたりする。「大きなシャボン玉を作りたい」「一度にたくさんのシャボン玉を作りたい」と，児童は，道具を変えながら試してみる。直接息を吹き込む方法だけではなく，腕ごと大きく動かしたり，シャボン液の膜が壊れないようにゆっくり動かしたりしてシャボン玉を作ってみる。大きなシャボン玉を作ろうと，何人もの児童が後から後からハンガーをシャボン液につけようとたらいの周りに割り込んでくる。ハンガーについた膜が壊れてしまうので，児童の中から「順番にしようよ」という声が出始める。シャボン玉を捕まえようとする児童もいる。触れると壊れていたシャボン玉がそのうち手の上にのせても壊れなくなる。風が吹くと勝手にシャボン玉ができてしまったという場面にも出合う。活動場所，教師の準備物とその数，活動時間や回数などを十分に検討しておく。また，割れにくいシャボン液の作り方についても研究しておきたい。

＜つくってあそぼう＞

　身近にある物を利用しておもちゃなどを作り，楽しく遊べるようにおもちゃを改良したり遊び方を工夫したりして繰り返し遊ぶ活動について考えてみたい。

どのようなおもちゃに児童が関心をもつか，どのおもちゃを作って
みたいと思うのか，おもちゃといっても，考えを巡らせながら作り直
したり遊び方を考えたりする活動に発展するものとそうでないものが
ある。したがって，どのような気付きを意図した活動にするのかを明
確にして単元構想や導入の仕方を工夫したい。実際に教師が作ってみ
たり遊んでみたりすることで，学習材としての可能性を探ってみるこ
とも教材研究として必要である。

　教師としてのねらいをしっかりともちつつ，児童の思いや願いを大
切にし，作りたい物，使う材料，作り方，遊び方，ルールや得点のつ
け方などの多様性を保障する。例えば，ぱっちんガエルを作って遊ぶ
活動一つをとってみても，材料の選び方，作り方，遊び方などは，児
童によって様々である。その中から，高く跳ばす遊び，遠くへ飛ばす
遊び，的に入れる遊びなど，気付きを生かし新しい文化を創り出す営
みが生まれるのである。

　作る活動については，遊ぶ活動と一体的なものであると捉え，作る
活動と遊ぶ活動を時間で分離しないようにする。なぜなら，遊ぶこと
で課題が見付かり，解決できたかどうかは遊んで確かめるからであ
る。また，作る活動では，道具の正しい使い方の指導や使う場所の設
定など安全面には十分配慮しておくことが必要である。なお，「何か
に使えそう」「遊びに使えそう」といった見方で日頃から廃材などを
児童と一緒に集めておくことも考えておきたい。

7　内容(7)動植物の飼育・栽培

Q　「(7)動植物の飼育・栽培」について取り扱う内容と学習材
　　　研究のポイントを教えてください。

(1) 「内容⑺動植物の飼育・栽培」を読む

⑺　動物を飼ったり植物を育てたりする活動を通して，それらの育つ場所，変化や成長の様子に関心をもって働きかけることができ，それらは生命をもっていることや成長していることに気付くとともに，生き物への親しみをもち，大切にしようとする。

　この内容は，児童が動物を飼ったり植物を育てたりする活動を通して，自分で育てている動物や植物がどのような環境で育っていくのか，どのように成長していくのかなど，親しみや期待の目で見つめ，心を寄せながら世話をすることができることを目指している。そして，その過程で，自分と動物や植物が同じように生命をもっていることや成長していることに気付き，一層大切に世話をしたり，興味を深めながら観察したりし，大切にできるようになることを求めている。

■動物を飼ったり植物を育てたりする

　「動物を飼ったり植物を育てたりする」とは，実際に，児童自身が主体となって，飼育したり栽培をしたりするということである。

　児童を取り巻く住宅環境の変化やアレルギー等により，家庭で生き物飼育や栽培を経験できない児童も増えている。また，小型犬・猫等の飼育やガーデニング等の流行はあっても，児童が自ら責任をもって世話をし続けるというような機会は乏しくなっている。このような現状を踏まえ，児童自身が主体となって，ある程度の期間を継続して飼育・栽培の活動を行うということである。

　継続的に行うとともに，飼育も栽培も，両方確実に行わなければならない。動物を飼うときには，その特徴的な動きや反応，自分の関わりに対しての手ごたえなど，生命を実感し，感性を揺さぶられる場面が多くある。一方植物を育てるときには，日々の成長や変化，実りに，生命のたくましさやその営みの連続性を実感する場面が多くあ

る。そのため，どちらか一方を行うのでなく，2年間を通した生活科の学習の中で，見通しをもちながら，両方を行っていくことが必要である。

■**関心をもって働きかける**

「育つ場所，変化や成長の様子に関心をもって働きかける」とは，動植物が育つ中で変化や成長，環境との関わりに興味や関心をもち，よりよい成長を願いながら世話をし，主体的に「働きかける」＝「行為する」ことである。

今回の改訂で加わったことが，この「行為する」ということである。飼育・栽培の過程において，児童の「成長してほしい」という願いのもと，その環境や条件，自身の世話の仕方について考えたり，他と比べたり，予想して見通しを立てたりする。また，世話の仕方などを振り返る中で，その反応などから，動植物の立場に立って考えたり，継続してきた活動から，自分なりの納得を得たりする。

「行為する」とは，対象に心を寄せ，大切に世話をするとともに，その過程で，心に浮かぶ様々な気付きを深め，条件・比較・関連付けなどにより質を高めていくことを求めている。

■**生命や成長に気付く**

「生命をもっていることや成長していることに気付く」とは，飼育・栽培の活動を行う中で，

　○動植物が変化したり成長したりしていることに気付く

　○動植物が生命をもっていることやその大切さに気付く

　○動植物の特徴，育つ場所，世話の仕方，変化や成長の様子に気付く

　○動植物と自分との関わりに気付く

　○自分自身の世話の仕方や動植物に寄せる心持ちの変容に気付く

など，世話をする動植物への気付きと，世話を続ける自分自身への気付きが生じることである。

■**生き物への親しみをもち，大切にしようとする**

「生き物への親しみをもち，大切にしようとする」とは，上記のような働きかけや気付きを繰り返す過程で，動物や植物に心を寄せ，愛着をもって接するとともに，それらを命あるものとして，その生命をいとおしみ世話をする児童の姿となって現れることを求めている。

こうして飼育や栽培の活動から得た喜びや自信，好奇心や知的な探究心，生命への実感などは，他の生き物への関心や，生き物とともに過ごす日々の生活の充実感につながり，児童の生活を豊かにしていく。

(2) 学習材研究の方法

飼育や栽培をする動植物については各学校が地域や児童の実態に応じて適切に取り上げることが大切である。

■**飼育する生き物の選定**

飼育する生き物としては，

○身近な環境に生息しているもの

○児童が安心して関わることができるもの

○えさやりや清掃など児童の手で管理できるもの

○成長の様子や特徴が捉えやすいもの

○児童の夢が広がり多様な活動が生まれるもの

などが示されている。これらの条件全てを満たすことは難しいが，複数の条件に適う生き物を選定することが必要である。

具体の動物としては，モルモット，コオロギなどが挙げられているが，地域の環境や児童の実態によっては，昆虫やダンゴムシなども想定できる。地域によっては，伝統的にヤギやヒツジ，あるいはそれ以上の大型の動物飼育を行っており，それを継承していくこともあるであろう。また学校で飼育しているチャボやニワトリ，ウサギなどを飼育委員会と連携して，上級生の助けを得ながら一定期間自分たちで世話をし続けるということも考えられる。

一方，アメリカザリガニ，アカミミガメなど外来生物に関しては，

地域の自然環境や生態系の破壊につながらないよう，留意しなければ
ならない。増やしたり，中途で飼育をやめて放したりすることは，必
ず避けるよう十分配慮しなければならない。

■ **栽培する植物の選定**

　栽培する植物としては

　　○種まき・発芽・開花・結実の時期が適切なもの

　　○低学年の児童でも栽培が容易なもの

　　○成長の様子や特徴が捉えやすいもの

　　○確かな実りが実感でき満足感や成就感を得られるもの

などが示されている。これらの条件全てを満たすことは難しいが，複
数の条件に適う植物を選定することが必要である。

　具体の植物としては，アサガオ，サツマイモ，キュウリ，ミニトマ
ト，ナス，ピーマンなどが挙げられているが，地域の環境や季節，児
童の実態によって，栽培計画を工夫しなければならない。活動に最適
な時期はいつか，どの季節から始めるとよいかなど，前年度までの記
録を参考にする必要もある。地域によっては，ヒマワリや藍，大豆や
小麦など，地域の産物や伝統食，地域行事などと関連させ，地域の方
の協力を得ながら栽培することも考えられる。

　一方，ソバ，小麦，大豆などや，収穫した野菜を食する活動に関し
ては，アレルギーや，調理の際の衛生，児童が主体となって行えるよ
う手順の難しさなどに十分配慮して行う必要がある。

■ **飼育や栽培の上での留意事項①～保護者・地域・専門家との連携**

　特に飼育に当たっては，飼育前に児童のアレルギーなどについて保
護者に尋ねるなどして十分な対応を図っておくことが，その後の飼育
活動をスムーズにする。休業日や長期休業中など，飼育も栽培も，登
校しての世話や，家庭に持ち帰っての世話が必要になる。活動を始め
る前だけでなく，成長している動植物の様子，児童の世話の様子やそ
の際のつぶやき・発言など，日頃より飼育や栽培の活動の様子を知ら

せ，保護者と連携を図り活動を進めることが重要である。

　飼育や栽培の活動の際には，新しい生命の誕生や病気，死なども避けることはできない。生命の尊さやはかなさ，生命と別れる悲しさや辛さなど，児童が動植物との関わりを真剣に振り返り，その生命を育んできた自分自身と向き合う大切な機会と捉えなければならない。そのような際にも，児童が喜びや悲しみを保護者とともに共有していくことが，一層豊かな体験となる。

　しかし，当然のこととして，結実まで，あるいはできるだけ長い期間関わることができるように，飼育・栽培の環境を整えなければならない。そのため，特に飼育に当たっては，管理や繁殖，育てるための設備・施設や環境など，飼育前あるいは飼育を始めてから配慮することが多くある。その際，地域の専門家や獣医師などと連携し，よりよい飼育環境を整える必要がある。栽培に関しても，農家，植物園や公園の職員，花屋など知識や経験をもっている地域の専門家と連携を図ることで，児童の疑問や要求に応え，実りの満足感が得られるような活動にすることができる。

■飼育や栽培の上での留意事項②〜 2年間をつなぐ計画の作成

　児童の思いや願い，関心や疑問を基に単元を構成することは，生活科の単元づくりとして第一番に考えなければならない。しかし，児童が飼育したい，栽培したい生き物を自分で選ばせることができない場合もある。また，自分で選択したものを育てることで，期待する学習が展開できるとは限らない。例えば，第1学年で，初めて自分で栽培活動をする児童が多ければ，発芽から開花，種取りまで，誰もが楽しみながら比較的容易に栽培できるアサガオを，一律に栽培することを教師が選択することもある。その際は，同じように蒔いたのに生育の状況が違ったり，咲いた花の色が異なったりすることから，児童は，友達のアサガオと比較したり，日照や水やりの仕方と関連付けたりするような思考を伴う活動が期待される。また，昨年栽培活動を経験し

第2節　生活科の内容と学習材研究の方法

た2年生から種をプレゼントしてもらったり，成長の様子を報告したりする活動を途中に組み入れることにより，初めに抱いていた栽培活動への意欲や希望が一層膨らんでいくことが予想される。

　1年生での栽培経験を土台とし，2年生では自分の栽培したい野菜や植物を選択することにより，1年次のアサガオと比較したり，友達の選択した野菜や植物と比較したりし，その植物固有の特徴や他との共通点，成長や変容の違いや共通点に気付くことが考えられる。

　このように，2年間を見通した飼育や栽培の活動を計画することが大切である。

■飼育や栽培の上での留意事項③〜 1日の生活とつなぐ環境の設定

　長期にわたる飼育・栽培の活動では，いつも児童が関心をもつことは難しい。特に対象の変容が少なく，成長の実感がもてない期間は，飼育や栽培の意欲が低下することもある。

　そこで，毎日の学校生活の様々な場面に，活動を位置付けていくようにする。例えば，児童の登校する通路に，アサガオの鉢を並べ，1日の始まりにアサガオを見たり，水やりをしたりすることができるようにする。休み時間には，ともに児童と動植物の世話をしたり，児童がいつでも気付いたことを記録できるようにカードや掲示板などを用意したりしておく。帰りの会では，「モルモットタイム」のように，今日の生き物の様子を，皆に伝え共有する時間を設定しておく。

　このように，生活科の活動を中心に1日の学校生活を設計することにより，飼育や栽培への意欲を高め，活動を充実させることができる。

第2章　学習指導要領に基づく生活科の授業づくりのポイント

8　内容⑻生活や出来事の伝え合い

Q　「⑻生活や出来事の伝え合い」について取り扱う内容と学習材研究のポイントを教えてください。

(1)　「内容⑻生活や出来事の伝え合い」を読む

⑻　自分たちの生活や地域の出来事を身近な人々と伝え合う活動を通して，相手のことを想像したり伝えたいことや伝え方を選んだりすることができ，身近な人々と関わることのよさや楽しさが分かるとともに，進んで触れ合い交流しようとする。

　この内容は，児童が学校や家庭，地域における生活の様子や，生活科の活動における心に残る出来事を伝え合う活動を通して，身近にいる伝え合う相手のことを考えて，伝える内容や方法を選んだり工夫したりすることができることを目指している。そして，その過程で，理解し合ったり心を通わせたりして人と関わることのよさや楽しさが実感として分かり，身の回りの多様な人々と進んで触れ合い交流できるようになることを目指している。

■**自分たちの生活や地域の出来事を身近な人々と伝え合う活動**

　「自分たちの生活や地域の出来事を身近な人々と伝え合う活動」とは，実際に，児童が学習活動の中で体験したことや発見したことなどを，友達，家族，学校にいる人，幼児，地域の人など多様な人々と，多様な方法をもって交流する活動のことである。「なぜ」「だれに」という目的意識や相手意識をもつこと，「伝える」にとどまらず，情報が双方向に行き来するような活動にすることが大切になる。

　児童を取り巻く生活環境の変化や人との関わりの希薄化といったコ

80

ミュニケーションの経験を積むことが難しい現代ではあるが，外国籍の人や高齢者，障害のある人など，様々な人と触れ合い，情報を交流し合いながら豊かな関係を築き，誰とでも仲良く生活できるようになることをこれからの社会は目指している。

そのためには，相手のことを想像したり，よりよい方法を選択したりしながら，「伝わると嬉しい」「一緒にすると楽しい」といった感情の交流を図ることも大切である。また，交流する際には，言語が中心となるものの，表情や身振り，しぐさや態度など言葉によらない部分も大切になる。

内容(8)は，生活科が重視している，児童自身の活動や体験を「伝え合う活動」を通して，交流することの楽しさや交流への意欲といった心情の素地を養うとも言える。

■相手のことを想像したり伝えたいことや伝え方を選んだりする

「相手のことを想像したり伝えたいことや伝え方を選んだりする」とは，伝え合う相手のことを思い浮かべたり，相手に伝わるかどうかを判断したりして，伝える内容や方法を選んだり決めたりすることである。

今回の改訂で加わったことが，この「相手のことを想像したり伝えたいことや伝え方を選んだりする」ということである。今までも，幼児との交流活動や町探検の発表会など，様々な相手と関わり合い伝え合う活動の中で，意図されてきたことであるが，今回の改訂で一層相手意識や目的意識を明確にもち，そのための内容や方法を考え工夫しながら伝え合う活動を行うことが求められている。

目的や相手に応じた伝え合う活動を繰り返し経験することで，様々な立場や考え方があることを理解し，それを超えて共感したり関わったりする活動の楽しさが分かるようになることが期待されている。

■身近な人々と関わることのよさや楽しさが分かる

「身近な人々と関わることのよさや楽しさが分かる」とは，伝えたいことや相手が伝えたいと考えていることを理解できることのよさや楽しさが分かるということである。

関わる身近な存在としては，友達がまず挙げられる。友達と相互に伝え合う学習活動を積み重ねながら，学校から地域へと少しずつ関わる対象を広げていくようにすることが大切である。また，幼児との交流も，児童にとって関わることのよさや楽しさを実感する有効な機会となる。双方向のやり取りができるようになるためには，継続的に関わり，ともに活動を展開できるような単元計画・年間計画を設定することにも配慮しなければならない。

■ **進んで触れ合い交流しようとする態度**

「進んで触れ合い交流しようとする」とは，上記のような伝え合う活動や交流を繰り返す過程で，相手に心を寄せ，積極的に関わっていくことや，自ら協働的な関係を築こうと努力する児童の姿となっていくことを求めている。

伝え合い交流する活動は，一人一人が活動から得た気付きを再構成し，確かなものにしたり質の高いものにしたりする大きな機会となる。また，児童一人一人の気付きの質を高めるとともに，それが共有されたり，別の視点から検討されたりし，集団としての学習を高める機会ともなる。

こうした活動から得た喜びや自信，好奇心や知的な探究心，関わることの楽しみや期待などは，身近な人と進んで関わることへの関心や，人と関わりながら生活することの充実感につながり，児童の生活を豊かにしていく。

(2)　学習材研究の方法

■ **「対話的な学び」の中核としての内容**

授業改善のための主体的・対話的で深い学びの実現のためには，身近にいる様々な人々と児童が関わり合って活動に取り組んだり，伝え

合い交流したりすることが必要である。

　伝え合い交流する中では，一人一人の発見が共有され，それをきっかけとして共感や新たな気付きが生まれたり，協働して次の学習に向かったりするなどの場面が見られる。伝え合う活動を単元の中で見ていくと，以下のような場面で行うことが考えられる。

○活動の途上の気付きを深める伝え合う活動

　例えば，内容「(7)動植物の飼育・栽培」の活動では，キュウリの蔓を観察する中で，気付いたことを伝え合う場面を設定することで，
「最初はまっすぐに伸びているのに，支柱に巻き付くと，バネのように丸まって縮んでいる」
「クルクルときれいに丸まっていて，本当にバネみたいだ」
のように，自分の気付いたことを確かめたり，気付きを共有したりする学習が行われる。

○活動の発展につながる伝え合う活動

　例えば，内容「(3)地域と生活」の活動では，町探検で見付けたことや調べたことを伝え合う場面を設定することで，
「お年寄りがよく使う公園もあるんだ」
「僕が調べている公園もお年寄りが使うのかな」
などと，次に調べたいことが生まれ，明確な目当てや疑問をもって，再び地域の探検に出かけていく活動につながる。

○活動の終末に確認したり振り返ったりする伝え合う活動

　例えば，内容「(3)地域と生活」の活動では，繰り返し町探検を行い見付けたことや調べたこと，体験したことなどを，新聞やポスターにまとめたり，パンフレットにしたりして，地域の人に発信したり，それを実際に発表したりして伝え合う場面を設定することで，探検活動で得た気付きを確かなものにしたり，自分と町との関わりについて自分の生活と関連付けて振り返ったりするまとめの活動へとつながる。

　さらに，こうして身近な地域の人と関わる楽しさを実感し，地域の

第2章　学習指導要領に基づく生活科の授業づくりのポイント

人と交流し続けようとすることが期待される。

　このように，内容「(8)生活や出来事の伝え合い」を，対話的な学び
の中核として位置付けることが，授業改善の視点となる。

■ 他の内容との関連を図る

　本内容は，ほかの全ての内容との関連を図り単元を構成していくこ
とが考えられる。その際には伝えたいという思いや願いを児童が心に
抱くよう，活動や体験を充実されることが重要である。

　例えば，内容「(7)動植物の飼育・栽培」で，野菜の栽培に取り組む
際に，どのようにしたらよく育つかという疑問を抱いたときに，地域
の方から野菜づくりのコツを教えていただく機会を設定する。「おば
あちゃんと野菜の話がいっぱいできてうれしかった。おばあちゃんは
水をあげるとき，大きくなあれという気持ちを込めて水をあげるん
だって。わたしもそうしてみよう」と話す児童には，栽培活動への意
欲や成長への期待が込められている。野菜が収穫できた際には，「あ
りがとうの会」などを開き，収穫した野菜を見ていただいたり感謝を
伝えたりしたい，という願いを児童がもつことも期待できる。そこで
は，教えていただいた方との交流が図られ，栽培活動も一層楽しいも
のとして心に深く残るであろう。

　また，内容「(6)自然や物を使った遊び」で，身近なものを利用して
作ったおもちゃで十分に楽しんだ後，もっと他の人にもこのおもちゃ
で遊んでほしいという願いが児童から示され，「みんなであそぼうお
もちゃ大会」として，幼児を招待する機会を設定する。「幼稚園の子
にもよく分かるように，劇で説明しよう」「遊びのルールを少し変え
て一緒に遊べるようにしよう」などの言動や活動が想定でき，おも
ちゃ大会終了後は「一緒に遊べて楽しかった」「次は一緒につくる会
を開こう」など幼児との交流が，遊びの活動を一層豊かなものにし，
相手を喜ばせることができたという大きな達成感や成就感につなが
り，さらなる交流の動機付けとなることも期待できる。

84

また，様々な内容との関連を図る中で，言葉を中心として，絵や身体表現，劇，手紙などの方法や，電話，ファックス，デジタルカメラ，タブレット端末など様々な機器の効果的な活用を工夫したい。

■ 各教科との関わりを図る

　伝え合う活動では，「なぜ」「だれに」「なにを」「どうやって」といった目的意識や相手意識，伝える方法や手順などが重要である。国語科をはじめとした各教科で身に付けた知識や技能を，伝え合う活動やそのための準備の活動の中で活用し，つながりのあるものとして児童が認識できるようにすることは，資質・能力の育成に役立つ。

　例えば，入学して間もない1年生であっても，国語科での学習で「丁寧な言葉と普通の言葉との違いに気を付けて使う」（小学校学習指導要領　国語　第1学年及び第2学年の内容〔知識及び技能〕(1)キ）ことを学ぶ。「失礼します」「ありがとうございました」などの言葉を教科書で学んだあと，内容「(1)学校と生活」の実際の学校探検の中で関わった職員へ伝えることで，生活の中で使える言葉として理解が深まる。さらに，様々な学校の職員や上級生と繰り返し関わると単元の終末では，分かったことや面白かったことを「たんけん発表会」として伝えたいという願いも生まれることが想定される。「たくさん探検して学校が楽しいって分かったよ」「校長先生が一番学校のことを知っているから，聞いてほしい」という児童は，目的意識や相手意識を明確にもっている。「紙芝居がいいかな」「クイズにしようかな」と考え伝わるよう準備を進める児童には，「相手に伝わるように，行動したことや経験したことに基づいて，話す事柄の順序を考える」（小学校学習指導要領　国語　第1学年及び第2学年の内容〔思考力，判断力，表現力等〕A(1)イ）と関連を考え，指導することができる。

第2章　学習指導要領に基づく生活科の授業づくりのポイント

　また，生活科の学習を契機とし，教科で学び直すという場合もある。

　国語科，音楽科，図画工作科等，各教科の表現活動に関わる学習で充実を図るとともに，生活科で表現を工夫し，児童の資質や能力を高めていきたい。

9　内容⑼自分の成長

> **Q**　「⑼自分の成長」について取り扱う内容と学習材研究のポイントを教えてください。

(1)　「⑼自分の成長」を読む

> ⑼　自分自身の生活や成長を振り返る活動を通して，自分のことや支えてくれた人々について考えることができ，自分が大きくなったこと，自分でできるようになったこと，役割が増えたことなどが分かるとともに，これまでの生活や成長を支えてくれた人々に感謝の気持ちをもち，これからの成長への願いをもって，意欲的に生活しようとする。

　新学習指導要領によると，この内容⑼は各学年の目標⑶に対応していると読み取ることができる。

　各学年〔第1学年及び第2学年〕の目標⑶

> ⑶　自分自身を見つめることを通して，自分の生活や成長，身近な人々の支えについて考えることができ，自分のよさや可能性に気付き，意欲と自信をもって生活するようにする。

つまり，内容(9)の学習によって，自分の成長を実感し，その喜びを感じたり，自分を支えてくれた人々に感謝の気持ちをもったりすることが，意欲や自信をもって学び，自らの生活を豊かにしていくことにつながっていくのである。

　内容(9)の記述を，①「学習対象・学習活動」と，資質・能力の柱である②「思考力，判断力，表現力等の基礎」，③「知識及び技能の基礎」，④「学びに向かう力，人間性等」に分けて示すと以下のようになる。

①**学習対象・学習活動**：自分自身の生活や成長を振り返る活動（を行う）

②**思考力，判断力，表現力等の基礎**：自分のことや支えてくれた人々について考える（こと）

③**知識及び技能の基礎**：自分が大きくなったこと，自分でできるようになったこと，役割が増えたことなどが分かる

④**学びに向かう力，人間性等**：これまでの生活や成長を支えてくれた人々に感謝の気持ちをもち，これからの成長への願いをもって，意欲的に生活しようとする

　以上の記述を現行の学習指導要領と比較対照すると，資質・能力の三つの柱で整理された記述になっていることはもとより，②思考力，判断力，表現力の基礎：「自分のことや支えてくれた人々について考えること」が新しく加わったことが分かる。内容的に関連がある，内容(2)の記述にも，「家庭での生活は互いに支え合っていることが分かり」とあり，指導の際には，自分と他者との「関わり」についていっそう意識していくことが大切にされていると読み取ることができる。

　上記の①～④までを，新学習指導要領解説に沿って読み進めてみる。

①**学習対象・学習活動**：自分自身の生活や成長を振り返る活動

　ここに示された対象・活動は，それまでの生活や自分に起きた様々な出来事を思い出し，過去と現在それぞれの自分を比較することで，

第2章　学習指導要領に基づく生活科の授業づくりのポイント

自分自身の生活や成長を見つめ直すことである。振り返るという行為によって，自分自身の成長や変容について考え，そのことによって自分自身についてのイメージがもて，自分のよさや可能性に気付いていくことにつながるのである。

②**思考力，判断力，表現力等の基礎**：自分のことや支えてくれた人々について考えること

　自分のことを考えるというのは，現在の自分と過去の自分とを比べることを通して，自分らしさや成長し続けている自分を感じることである。また，支えてくれた人々について考えるとは，自分を支えてくれた様々な人々の存在や自分の成長における様々な人々との関わりを明らかにするということである。

③**知識及び技能の基礎**：自分が大きくなったこと，自分でできるようになったこと，役割が増えたことなどが分かる

　まず，大きくなったことというのは，文字どおり身体が大きく成長したこととともに，心も成長したことを感じるということである。自分でできるようになったこととは，生活や学習の中で様々な技能などを習得し，様々なことができるようになったということである。そして，それらの成長を基に，自分の役割が増えていったことなどに気付くことである。

④**学びに向かう力，人間性等**：これまでの生活や成長を支えてくれた人々に感謝の気持ちをもち，これからの成長への願いをもって，意欲的に生活しようとする

　まず，これまでの生活や成長を支えてくれた人々に感謝の気持ちをもつとは，これまでの生活や成長した自分を多面的に振り返ることを通して，自分の成長を支えてくれた人々との関わりを意識するようになり，感謝の気持ちが芽生えてくるということである。

　これからの成長への願いをもって，意欲的に生活しようとするとは，自分の成長への喜びと，それを支えてくれた人々の存在に気付く

88

ことで，さらなる自分自身の成長を願う心につながっていくということである。さらに，こうした心情や気付きが，その後，それぞれの目標に向けて努力したり挑戦したりして意欲的に生活する姿になって現れてくるということである。

(2) 学習材研究の方法

内容(9)の「自分の成長への気付き」に関しては，新学習指導要領解説に「生活科の全ての内容の中で捉えていくことができる。各内容との関連を意識し，年間を見通した計画的な学習活動を構想することが必要である」と示されている。すなわち，内容(9)を直接自らの成長を振り返ることから始める単元として構想することもできるし，他の内容，例えば，内容(2)とともに行い，家庭での実践や保育園などとの交流から自分自身への自信につながる単元を構想することもできるということである。また，内容(7)のように，長期の飼育・栽培を頑張った自分に気付かせる場面では，単元の終末に向け，内容(9)を盛り込んだ指導計画を立てることも考えられる。ここでは，単独で内容(9)を構想する場合の指導計画作成上の留意点を述べる。

【単元構想例】

《単独で内容(9)を構想する場合》

例えば，2年生「3年生へジャンプ！　大きくなった！　できるようになった！」の事例から考える。

① 単元の導入のポイント

新学習指導要領解説には，「低学年の児童にとって，自分の成長を頭の中だけで振り返ることは難しいため，具体的な手掛かりが必要である」とある。そこで，「父母や祖父母，親せきの人々などの話」「幼い頃に使ったもの」「行事のスナップ写真」「幼稚園の頃の写真」など，具体的な手掛かりを用意することが大切である。そのために，単元に入る前には，家庭へ，学習への協力を依頼する文書を出すことが望ましい。その際，学習の意図・ねらいを明確に示し，プライバシー

には十分配慮する旨を記述することが大切である。

② 振り返りの支援のポイント

新学習指導要領解説にあるように，どの時点から自分の成長を振り返り実感するかは，児童によって異なる。大切なのは，自分の成長を実感できることであるので，一律に過去から順を追ってたどることではないことを念頭に置く。よって，振り返りの際には，児童に寄り添い，個々に応じた情報収集の仕方をサポートしなければならない。家庭での情報収集が難しい場合もあるので，１年生に入学してから２年生の後期までの生活科カードや行事の写真を保管しておき，児童が選択できるよう，用意しておくことも大切な支援である。

③ 支えてくれた人々について考えるポイント

先に，「支えてくれた人々について考える」ことが新学習指導要領の内容(9)に新しく追加記述されたことを述べた。平成20（2008）年の学習指導要領においてこの単元を進めていく際にも行ってきた家庭への取材活動に，この視点を盛り込んでいきたい。例えば，幼稚園の頃の写真を手掛かりに，「幼稚園のときは，よく病気して，お母さんもお父さんも本当に心配したんだよ」「交代で病院へ点滴をしに行ったの」「元気になったときは，本当にほっとしたよ」など，家族の思いや願いを聞き出してくるように，カードに「家族の思い」の記述欄を設け，取材できるようにする方法もある。ここでも児童や家庭の実態に応じた展開とすることが大切である。

④ 自分の成長・感謝の気持ちを表現する指導のポイント

振り返ることをきっかけにして，児童は，自分の成長を実感し，支えてくれた人々に感謝の気持ちが芽生えてくる。その気持ちの高揚をタイミングよく捉え，表現活動にいざなっていく。生活科ではこれまでにも，幼稚園・保育所等の年長さんや保護者，お世話になった「畑の先生」などに成果の発表をしたりふれあい交流会を行ったりしてきている。そのような実践によれば，「自分の成長や支えてくれた人々

への感謝」は，保護者等に向けて発表したいと子供たちから言ってくるようになると想定することができる。したがって，そのような気持ちや機会を生かしその気持ちを取り上げ，全体に広げ，授業参観の場を「３年生へジャンプ！　大きくなった！　できるようになった！発表会」のような相手意識を明確にした表現活動にしていくことができる。その際には，「巻物」「紙芝居」「一枚絵」「寸劇」等の多様な表現方法を提示して，自分に合った方法でのびのびと表現できるようにしていきたい。

⑤　さらなる成長への願いをもつためのポイント

　これからの自分自身の成長への願いをもって，意欲的に生活できるように単元の終末を工夫することも重要であろう。

　例えば，先述した④の授業参観での終末時に，保護者からの「手紙」という形で，我が子の成長を心から喜んでいる家族の思いを再度知る場を設ける（学級通信などで，保護者にお願いしておくことはもちろん，当日保護者が来られない場合なども想定し，前もって担任が預かっておく等の配慮を十分行う）ことも考えられる。自分の成長を支えてくれた人々の思いに触れることで，多様な人々に支えられている自分を感じて，自己肯定感をもって明日からの学習や生活に意欲的に向かっていける。

　また，単元の終末に，３年生の児童との交流を設定するなどして，「こんな３年生になってみたい」「理科の授業，楽しそう」「毛筆が始まるよ。早くやってみたい」という進級への期待感をもてるようにする。

　こうした活動の背景として，学校全体で，「次年度への期待感をもてる交流会」を特別活動や課外の時間などに設定し，全ての学年で上学年が下学年に自分たちの自慢できることを伝える活動を仕組んでいくこともできる。２年生から３年生へと目指す姿が明らかになることで，今までに身に付けてきた力がどこにつながるか，新しい学びにど

う向かっていくかなど，未来に夢や希望をもつことにつながっていく
のである。

第3節　学習指導要領で描く生活科の単元構成

第3節
学習指導要領で描く生活科の単元構成

1　指導計画の作成における配慮事項

Q 生活科の指導計画作成における配慮事項はどのようなものでしょうか。

　学習指導要領では，生活科の指導計画の作成について，配慮事項を6項目で示している。それぞれ，一つ一つの単元の構成に関係する事項である。

　⑴では，資質・能力の育成に向けて，主体的・対話的で深い学びを実現することが示され，生活科の特質が生かされた学習の充実や校外での活動を積極的に取り入れることが求められている。

⑴　年間や，単元など内容や時間のまとまりを見通して，その中で育む資質・能力の育成に向けて，児童の主体的・対話的で深い学びの実現を図るようにすること。その際，児童が具体的な活動や体験を通して，身近な生活に関わる見方・考え方を生かし，自分と地域の人々，社会及び自然との関わりが具体的に把握できるような学習活動の充実を図ることとし，校外での活動を積極的に取り入れること。

　学校や地域の実態，児童の実態は，学校ごとに異なる。また，それは日々変化を続ける。生活科は，そのような実態を踏まえて，実生活

93

や実社会と結び付いて存在する。したがって，その教育課程は学校の独自性が強く，改善や更新も随時行われる必要がある。生活科においては，その特質からこれまでも「社会に開かれた教育課程」や「カリキュラム・マネジメント」が大切にされてきた。いわゆる生活科マップや生活科暦の作成や活用，改訂などはその一環である。指導計画の作成においては，引き続き重視されるポイントである。

　生活科の学習指導要領では，各学年の目標と内容が2学年まとめて示されている。これに関係して，学習活動の設定などについての配慮事項が(2)(3)のとおり示されている。学級の児童の実態を捉えるとともに成長の見通しをもって単元を構成し，指導計画に位置付けることが求められる。

(2)　児童の発達の段階や特性を踏まえ，2学年間を見通して学習活動を設定すること。

(3)　第2の内容の(7)については，2学年間にわたって取り扱うものとし，動物や植物への関わり方が深まるよう継続的な飼育，栽培を行うようにすること。

　生活科は学級担任がその指導に当たることが一般的である。ただ，いずれの学校においても，第1学年の学級担任が次年度に続いて第2学年の学級担任になるとは限らない。したがって，計画段階のカリキュラムとともに「実践されたカリキュラム」が引き継げるようなマネジメントが一層大切になるところである。

　(4)では，他教科等との関連を積極的に図ることなどについて，次のとおり示されている。

(4)　他教科等との関連を積極的に図り，指導の効果を高め，低学年

第3節　学習指導要領で描く生活科の単元構成

における教育全体の充実を図り，中学年以降の教育へ円滑に接続できるようにするとともに，幼稚園教育要領等に示す幼児期の終わりまでに育ってほしい姿との関連を考慮すること。特に，小学校入学当初においては，幼児期における遊びを通した総合的な学びから他教科等における学習に円滑に移行し，主体的に自己を発揮しながら，より自覚的な学びに向かうことが可能となるようにすること。その際，生活科を中心とした合科的・関連的な指導や，弾力的な時間割の設定を行うなどの工夫をすること。

　(4)は，幼児期の教育との接続，中学年以降の教育との接続にも関係する事項である。また，「特に，小学校入学当初においては」以降の部分は，スタートカリキュラムに関する記述である。幼小接続については本書の第1章において，スタートカリキュラムについては本書の第4章において詳述している。

　(5)　障害のある児童などについては，学習活動を行う場合に生じる困難さに応じた指導内容や指導方法の工夫を計画的，組織的に行うこと。
　(6)　第1章総則の第1の2の(2)に示す道徳教育の目標に基づき，道徳科などとの関連を考慮しながら，第3章特別の教科道徳の第2に示す内容について，生活科の特質に応じて適切な指導をすること。

　(5)では，特別な支援を必要とする児童などについて，困難さに応じたり得意なことを生かしたりする視点から指導内容や指導方法の工夫をすること，(6)では道徳教育としての指導について示されている。具体的な活動や体験を通すことが教科の特質である生活科として，十分

95

第2章　学習指導要領に基づく生活科の授業づくりのポイント

な配慮や適切な指導が必要であろう。

2　思いや願いを実現する過程としての単元構成

> **Q**　生活科における単元構成はどのように考えればよいですか。

　生活科の学習過程は，思いや願いを実現する過程である。『解説』では生活科の見方・考え方について「身近な人々，社会及び自然を自分との関わりで捉え，よりよい生活に向けて思いや願いを実現しようとする」ことと記述されている。

　思いや願いはすぐには実現しない。実現を目指す過程で，困難に出合ったり問題にぶつかったりするであろう。それは，いわゆる課題発見の場面となる。困難や問題を乗り越えたり解決したりして，思いや願いは実現へと向かう。与えられた課題ではなく，児童の「思いや願い」であるからこそ，主体的に力を発揮して取り組み，それを実現させようとするのである。その過程や結果には，児童自身の成長がある。生活科の単元は，児童が思いや願いを実現するストーリーであり，それは児童自身の成長のストーリーでもある。

　単元の構成に当たっては，例えば，次の点が主なポイントとなるであろう。

○　学習指導要領における生活科の目標や内容と，児童の実態や学校，地域の実態などを踏まえて，他教科等との関連に配慮しつつ，弾力的なカリキュラムを編成する。

○　児童が思いや願いを実現するストーリーを単元として描き，他教科等との関連付けを図る。

○　児童が思いや願いを抱いたり自覚したり明確にしたりする
　きっかけとなる仕掛けをつくる。
○　単元の進行に即して，活動や体験を構成したり伝え合いを
　設定したり環境を構成したりする。
○　思いや願いの実現を，共有したり振り返ったり発展させた
　り実生活と結び付けたりする。
○　実践を進めながら随時単元を修正するとともに，実際に実
　践した単元の構成について記録を残し，カリキュラムの改善
　を図る。

　このようなポイントは，単元を構成し実践する大まかな流れを意識
して示したものであるが，その順序などは必ずしも固定的なものでは
ない。進んだり戻ったりしながら，形になっていくものである。カリ
キュラムの編成時には，予め一定の単元イメージが必要であろう。各
学校において構想し実践された単元が，次年度の単元イメージの基に
なる。

　カリキュラムは，授業実践の状況によって随時修正されるととも
に，実践の全体や子供，学校，地域，社会の変化を参照して，計画的
に修正される。このようなカリキュラム・マネジメントが適切に機能
してこそ，各単元の学習についても一層の充実を図ることができるで
あろう。

3　繰り返しが生きる単元構成

　生活科では，一つの単元において，同じような学習過程が繰り返さ
れるように構成されることも多い。例えば，いわゆる町探検の単元に
おいて，実際に町に出かける活動が，1回目，2回目と繰り返し行わ

れることがある。あるいは，地域の公園で遊ぶことが季節の進行に合わせて「春の公園で遊ぼう」「秋の公園で遊ぼう」など，1年間に2回，3回と繰り返されることも多い。もちろん，学校や地域の実態に応じて展開することが大切であるが，可能であるならばこのような繰り返しを取り入れた単元構成としたい。また，第1学年と第2学年で，発展的に繰り返されるような単元を計画したいところである。

　同じような学習過程が繰り返されることで，どのような効果が期待できるであろうか。

　例えば，2回目の活動では，主体的な学びをより自立的に進めることが可能となるであろう。また，1回目の活動では人や物の存在についての気付きに留まっていた場合でも，繰り返しとなる2回目では，気付きが関連付いたり，その意味や価値まで考えられたりすることもある。このように気付きの質が高まり，深い学びへと向かうことも期待できる。

　単元の構成や授業実践においては，児童自身がその時点で有している知識や力，経験などが十分に発揮されて，新たな活動に取り組むようにしていくことが大切である。

第4節　新しい生活科の授業実践のポイント

第4節
新しい生活科の授業実践のポイント

Q 生活科の授業づくりで押さえるべきポイントは何ですか。

1　学習指導要領が示す内容の取扱い

　新学習指導要領では，内容の取扱いとして配慮事項を6点示している。いずれも，授業実践に直接関係する事項である。

(1)　地域の人々，社会及び自然を生かすとともに，それらを一体的に扱うよう学習活動を工夫すること。

　児童が具体的な活動や体験をすることが可能な学習材や学習対象は，学校や地域，家庭に存在する。したがって，当該の学校や地域や家庭の実態は，生活科の授業実践上の重要な条件である。(1)では，地域に存在する学習材や学習対象の状況を生かして，児童が思いや願いの実現に向けて，自分との関わりという視点から人々，社会及び自然を一体的に扱うように学習活動を工夫することが示されている。

(2)　身近な人々，社会及び自然に関する活動の楽しさを味わうとともに，それらを通して気付いたことや楽しかったことなどにつ

99

> いて，言葉，絵，動作，劇化などの多様な方法により表現し，考
> えることができるようにすること。また，このように表現し，考
> えることを通して，気付きを確かなものとしたり，気付いたこと
> を関連付けたりすることができるよう工夫すること。

　(2)では，生活科における表現活動の特質や配慮事項が示されている。平成20（2008）年告示の学習指導要領では学年目標の(4)で示されていた事項に関係する。今回，学年目標の構成原理の変更により内容の取扱いで示すこととなったが，その重要性に変わりはない。気付きや楽しかったことなどを多様な方法で表現し考えることが，気付きを確かなものとしたり，関係付けたりすることになり，深い学びの実現につながることが示されていると考えることができる。

　体験活動と表現活動を，どのように位置付けたり組み合わせたり繰り返したりするかは，実践上の重要なポイントである。特に，小学校低学年の児童にとって，自分自身が体験したことを言語で表現し自覚したり記録したり伝えたり受け止めたりすることは重要であり，相乗的に効果が生まれるように配慮したい。

> (3)　具体的な活動や体験を通して気付いたことを基に考えることが
> できるようにするため，見付ける，比べる，たとえる，試す，見
> 通す，工夫するなどの多様な学習活動を行うようにすること。

　(3)では，具体的な活動や体験を通して生まれた気付きが，見付ける，比べる，たとえる，試す，見通す，工夫するなどの多様な学習活動によって，新たな問いとなったりそれについて考えたりするなど質的に高まることが示されている。このような学習活動も(2)と同様に，深い学びの実現につながっていくと考えることができる。

第4節　新しい生活科の授業実践のポイント

⑷　学習活動を行うに当たっては，コンピュータなどの情報機器について，その特質を踏まえ，児童の発達の段階や特性及び生活科の特質などに応じて適切に活用するようにすること。

⑷では，生活科におけるいわゆるICTの適切な活用について示されている。例えば，児童が驚いたり不思議に感じたりした事象をデジタルカメラやタブレット端末で撮影しておき，伝え合いや振り返りの場面で映像を提示するような活用法が考えられる。このようにすれば，実物を教室に持ち込めない場合であっても，具体的な様子を教室内においてじっくりと共有することができる。

⑸　具体的な活動や体験を行うに当たっては，身近な幼児や高齢者，障害のある児童生徒などの多様な人々と触れ合うことができるようにすること。

⑸では，多様な人々が社会で共生していくことが大切であることを踏まえ，小学校低学年の児童が多様な人々と触れ合うことができるようにすることが示されている。特に，交流したり共に活動をしたりすることで，相手意識も高まりお互いを尊重する態度も育つと考えられる。

⑹　生活上必要な習慣や技能の指導については，人，社会，自然及び自分自身に関わる学習活動の展開に即して行うようにすること。

⑹では，生活上必要な習慣や技能の指導について示されている。従前のとおり，生活科では，人，社会，自然及び自分自身に関わる学習活動の展開の過程において，生活上必要な習慣や技能を身に付けるよ

101

うにすることが大切である。機会に応じて適切に指導できるような想定や計画が求められる。

2 深い学びへ向かう教師の言葉かけ

　生活科において，児童の思考を促したり可視化したり集団で高めたりすることは重要であり，発問をはじめとする教師の言葉は大きな意味をもつ。児童の具体的な活動や体験が充実していれば，児童は様々な気付きを得るであろう。それは，教室などにおける伝え合いなどで，表現されたり受容されたりする。その中で，自分と同じ気付きが確認されたり新たな気付きにであったりして，児童はお互いに様々な気付きを共有することができる。このような話合いの後，どのように展開すればよいだろうか。ここでは，いくつかの発問などを例示する。

〔異同や変化に意識を向ける発問〕

　（秋の公園で見付けたこととして，紅葉やどんぐりのこと，遊具のこと，遠足に来ていた幼児のことなどが出し合われた後で）

　　・同じようなものがありますか。

　　・前に来たときと違うことがありますか。

〔新たな問いや活動に向かう発問〕

　（蔓が隣同士で絡まっているアサガオの様子を受けて）

　　・どうして隣の蔓に絡まっていくのでしょうか。

　　・これをどうしたらいいでしょうか。

〔人々の思いにせまる発問〕

　（通学路での見守り隊の活動についての発言を受けて）

　　・○○さんはどうして毎朝立ってくださるのでしょうか。

　　・○○さんはどんな気持ちで挨拶されているのでしょうか。

〔学習者の心の内のつぶやきを代弁する言葉〕

（学校探検のあと，「保健室に冷蔵庫がありました」に対して）

　　・何が入っているのかなぁ。

　　・保健の○○先生は冷たいジュースが好きなのかなぁ。

　例えば，上掲の「保健の○○先生は冷たいジュースが好きなのかなぁ」という言葉は，いわゆる揺さぶり発問としての機能をもつ。いくらかの児童は，「そうか，冷たいジュースが好きなんだ」と受け止めるであろう。しかし，別の児童は，有している知識や経験を基にして，「保健室にある冷蔵庫はそういう意味ではなくて，中には○○が入っている」「入れてある○○で，～しているのを見たことがある」と発言するであろう。話合いの進展により，冷蔵庫が保健室にただ存在するのではなくて，その意味や使われ方，自分たちとの関わりなどが明らかになり，深い学びとなるのである。

　このような教師の発問や言葉がきっかけとなって，さらなる気付きが引き出されたり，気付きが関連付いたりする。また，関係や理由，人々の思いを考えることにつながったりする。次の活動を誘発することもある。隠れている部分が明らかになったり未来へとつながったりして，深い学びへと向かうのである。

　教師の発問や言葉には意図が必要であり，授業づくりにおける事前の想定が重要である。また，児童自身が深い学びへと向かうことができるように，「何か質問したいことはありませんか」「何か言いたいことはありませんか」などと問うことも大切な指導の一つとなるであろう。

　教師の言葉かけが機能するには，板書などの利用も有効である。黒板に児童の気付きを書く位置が児童の問いを生んだり，板書に一本の線を加えることが新たな気付きにつながったりする。いわゆる思考ツールへの発展も意識しつつ，板書を有効に利用したい。

3　思いや願いの実現を支える環境構成

　児童の学習環境は，校舎内だけでなく校庭なども含めて思いや願い
が生まれる場でもあり，その実現に向けて活動が展開する場でもあ
る。幼児期の教育は環境を通して行われるが，生活科をはじめ小学校
教育でもそのノウハウを生かしていきたい。

　何よりも学習環境は安心できる場であることが求められる。安心し
て落ち着いて学校生活を送る中で，新しいことに挑戦したり，まだう
まくできないことに取り組んだりすることができるのである。幼稚園
や保育所，認定こども園等における環境との共通性を意識した場を構
成することが大切である。

　生活科では児童の思いや願いが学習の始まりとなるが，当該の単元
に向けて学級の児童が都合よく関連する思いや願いを抱いているわけ
ではない。したがって，そこには教師の仕掛けが必要であり重要な意
味をもつことになる。

　児童の意識を単元に向けていくには，教室の後方に現物を一つ置い
たり写真を1枚貼ったりするだけでも大きな効果がある。また，単元
の進行に合わせて，環境を変化させることも思いや願いの実現を支え
ることにつながる。例えば，関連する図鑑や読み物を利用しやすいよ
うに配置したり，単元の過程を模造紙などで示したりすることも有効
である。

　意図された環境に対して，児童が主体的に働きかけたり，そこで生
まれた気付きが友達同士の会話で話題にされたりすることは，生活科
に限らずこれからの教育の在り方にとって大切な方策となるであろ
う。環境構成を授業実践や生徒指導に積極的に活用していきたい。

第5節　資質・能力をベースにした生活科の評価の視点

第5節
資質・能力をベースにした生活科の評価の視点

Q 生活科の評価の特色は何ですか。また，これからの評価の視点やポイントを教えてください。

1　生活科が大事にしてきた評価の視点

　これまでも生活科では，知識を中心とした評価ではなく，資質・能力をベースにした評価を行い続けている，といっても過言ではない。四半世紀前に新教科として始められた生活科は，当初から評価についても既存教科とは一線を画してきた。例えば，平成2（1990）年に当時の文部省から刊行された『小学校生活指導資料　指導計画の作成と学習指導』には，生活科における評価の特色として，次の3点が指摘された。第一に「生活科では具体的な活動や体験の広がりや深まりを評価する」，第二に「生活科では一人一人に即した評価が特に求められる」，第三には「生活科は実践的な態度の評価を重視する」，であった。

　第一の「活動や体験の広がりや深まりの評価」については，児童自身の主体的な活動を重視しつつ，考えや行動がどのように深まり，または広がっているか，との視点で，児童がどのように学んだかを評価することが求められるとされた。そのためには，教師側による学習活動の展開の方向や手順などについての事前の検討が極めて大切だとも指摘されていた。

105

第2章　学習指導要領に基づく生活科の授業づくりのポイント

　第二の「一人一人に即した評価」については，生活科は児童自身との関わりと，児童による活動や体験の過程そのものが重視されることから，一人一人の児童の意欲や興味・関心，気付きや行動等が，どのように発揮されているかを評価するとともに，それを指導に生かす工夫が大切であると明示された。

　第三の「実践的な態度の評価」は，生活科は児童がよき生活者になることを目指していることから，日常生活の中でどのように考えて工夫しながら，行動するようになったかという側面を重視した見取りと，そこで得た情報も指導に生かす工夫が大事であるとされた。

　このような生活科の評価の特色は，現在においても根本的な理念は変わることなく，さらに精緻化が図られ続けている。この点は，評価の方法についても同様である。同じく平成2（1990）年刊行の『小学校生活指導資料指導計画の作成と学習指導』において，生活科の評価の方法については，「1単位時間だけで完結する評価はなじまない」こと，「長期的見通しに立って継続的に児童の活動意欲とその変容を読み取る」こと，「学習の結果よりも具体的な活動の過程で示す努力や積極性を重視すべく，チェックリスト，児童との対話，話し合い，発表，作文，作品などを手掛かりにした多様で柔軟な手法の開発」が望まれた。加えて，「行動の記録，座席表，授業記録の分析，児童に可能な自己評価の方法など」の必要性も当時から指摘されていた。

　生活科が当初から大事にしてきた評価の視点は，現在においても全く新鮮さを失うことなく，さらに生活科だけでなく他の教科や教育課程全体にも大きな影響を及ぼしてきていることが，より鮮明になりつつあるところでもある。

2　総則における「学習評価の充実」の方向性

　これまでは，配慮事項の一部として記載されていた評価について，

新学習指導要領では総則の中で「学習評価の充実」との項目立てのもとで，今までよりも詳しく示されることになった。

この中では，「児童のよい点や進歩の状況などを積極的に評価」すること，「学習したことの意義や価値を実感できるようにする」こと，「単元や題材など内容や時間のまとまりを見通しながら評価の場面や方法を工夫して，学習の過程や成果を評価」すること，「指導の改善や学習意欲の向上を図り，資質・能力の育成に生かすようにする」こと，が求められている。さらに，「創意工夫の中で学習評価の妥当性や信頼性が高められるよう，組織的かつ計画的な取組を推進する」こと，「学年や学校段階を越えて児童の学習の成果が円滑に接続されるように工夫する」ことも期待されている。

学習評価は，学校における各教科等を中心とした教育活動に関して，児童の学習状況を評価するものではある。しかしながら，評価のための評価に終わっては，学習評価の機能が十分に発揮されたとは言えない，と指摘されて久しいところでもある。教師側が児童のよい点や進歩の状況などを中心に積極的に評価し，児童が学習したことの意義や価値を自分自身で実感できるようにすることで，各自の目標や課題をもって，主体的に学習を進めていけるような学習評価の機能を働かせることが肝要である。そのためには，一単位時間の授業という短いスパンだけでの評価に終始することなく，単元や題材など内容や時間のまとまりを見通しながら中長期的に，学習の成果とともに，学習の過程を重視した評価観が求められている。

また，新学習指導要領の中で，最も重要な新たな評価の在り方としては，目標に準拠した評価を推進するための観点別学習状況の評価について，従来の4観点の枠組みを踏まえつつも，学校教育法第30条第2項が定める学校教育において重視すべき3要素である「知識及び技能」「思考力，判断力，表現力等」「主体的に学習に取り組む態度」に即した3観点への整理が進められている点に留意する必要がある。

これは，この度の新学習指導要領における改訂の大きなポイントである「育成を目指す資質・能力の明確化」とも密接に関連した動向にもなっている。これまでの学習指導要領では，一般的には各教科等で求められる知識を中心とした学習すべき内容が明示されてきたが，新学習指導要領では，新たに育成を目指す資質・能力を明確化するとして，各教科で「知識及び技能」「思考力，判断力，表現力等」「学びに向かう力，人間性等」の三つの柱に基づいた目標が明記されることとなった。これは，先述の学校教育法第30条第2項が定める学校教育において重視すべき3要素と共通するところではあるが，資質・能力の三つの柱の一つである「学びに向かう力，人間性等」には「主体的に学習に取り組む態度」として観点別学習状況の評価を通じて見取ることができる部分と，観点別学習状況の評価や評定にはなじまない個人内評価を通じて見取る部分があることにも留意する必要がある，と指摘されている。資質・能力のバランスのとれた学習評価を行っていくためには，論述やレポートの作成，発表，グループでの話合い，作品の制作等といった多様な活動を評価の対象として，多面的・多角的な評価を行っていくことが必要である，とも示されている。

3 資質・能力をベースにした生活科の「学習評価の在り方」

以上のような新学習指導要領の総則における「学習評価の充実」の方向性などを受けながら，平成29（2017）年6月に公表された『小学校学習指導要領解説　生活編』の中でも，新たに「学習評価の在り方」についての解説がなされている。この解説では，「生活科では，特定の知識や技能を取り出して指導するのではなく，児童が具体的な活動や体験を通す中で，あるいはその前後を含む学習の過程において，文脈に即して学んでいくことから，評価は，結果よりも活動や体験そのもの，すなわち結果に至るまでの過程を重視して行われる」こ

第5節　資質・能力をベースにした生活科の評価の視点

とが改めて明示されている。解説では続けて，学習過程における児童の「知識及び技能の基礎」「思考力，判断力，表現力等の基礎」「学びに向かう力，人間性等」を評価し，目標の達成に向けた指導と評価の一体化が行われることも求められている。

　今後の生活科における学習評価では，これまでの「関心・意欲・態度」「思考・表現」「気付き」の観点に代わって，先述のように学校教育法第30条第2項が定める学校教育において重視すべき3要素でもあり，育成すべき資質・能力の三つの柱でもある「知識・技能」「思考力・判断力・表現力等」「主体的に学習に取り組む態度」に即した単元の目標の明確化とともに，評価計画を立て，評価規準を具体的な子供の姿として表しておくことが期待されている。

　この点について，平成23（2011）年に国立教育政策研究所より示された「評価規準の作成，評価方法等の工夫改善のための参考資料」によれば，平成20（2008）年版の学習指導要領における生活科の教科目標に即した評価の観点及びその趣旨は次のように示されている。

生活への関心・意欲・態度	活動や体験についての思考・表現	身近な環境や自分についての気付き
身近な環境や自分自身に関心をもち，進んでそれらと関わり，楽しく学習したり，生活したりしようとする。	具体的な活動や体験について，自分なりに考えたり，工夫したりして，それをすなおに表現している。	具体的な活動や体験について，自分と身近な人，社会，自然との関わり及び自分自身のよさなどに気付いている。

　今後，新学習指導要領に即した新たな「評価規準の作成，評価方法等の工夫改善のための参考資料」も示されることになると推察されるが，新たな教科目標に即した評価の観点及びその趣旨のイメージについては，例えば次のような方向になることも予想される。

知識及び技能の基礎	思考力，判断力，表現力等の基礎	学びに向かう力，人間性等
活動や体験の過程において，自分自身，身近な人々，社会及び自然の特徴やよ	身近な人々，社会及び自然を自分との関わりで捉え，自分自身や自分の生活につ	身近な人々，社会及び自然に自ら働きかけ，意欲や自信をもって学んだり生活を

109

さ，それらの関わり等に気付いている。	いて考え，表現している。	豊かにしたりしようとする。

　これまでの学習指導要領では，生活科の教科目標は一文で示されていたために，評価規準の作成に当たっては，観点ごとにその趣旨を再構築する必要があった。新学習指導要領では，各教科とともに，生活科においても教科目標は育成すべき資質・能力の三つの柱である「知識及び技能の基礎」「思考力，判断力，表現力等の基礎」「学びに向かう力，人間性等」ごとに示された。それにより，教科目標に示された三つの柱と目標が，ほぼそのままに評価規準の観点及び趣旨になり得ることになる。また，第１学年及び第２学年の評価の観点の趣旨も同様に，三つの柱に即した第１学年及び第２学年の目標に基づいて下記のように想定される。

知識及び技能の基礎	思考力，判断力，表現力等の基礎	学びに向かう力，人間性等
学校，家庭及び地域の生活に関わることを通して，自分と身近な人々，社会及び自然との関わりについて考えることができ，それらのよさやすばらしさ，自分との関わりに気付き，地域に愛着をもち自然を大切にしたり，集団や社会の一員として安全で適切な行動をしたりする。	身近な人々，社会及び自然と触れ合ったり関わったりすることを通して，それらを工夫したり楽しんだりすることができ，活動のよさや大切さに気付き，自分たちの遊びや生活をよりよくする。	自分自身を見つめることを通して，自分の生活や成長，身近な人々の支えについて考えることができ，自分のよさや可能性に気付き，意欲と自信をもって生活する。

　同じように，学習指導要領の内容，内容のまとまりごとの評価規準に盛り込むべき事項及び評価規準の設定例についても，生活科の内容ごとに新学習指導要領では「生活科の内容の全体構成」として，『小学校学習指導要領解説　生活編』に九つの内容項目ごとに「知識及び技能の基礎」「思考力，判断力，表現力の基礎」「学びに向かう力，人間性等」としての整理が行われているものを参考にしながら，今後具体的な評価規準の作成が，学校現場でも活発に進められていくことに

なりそうである。その際に重要なことは，生活科が四半世紀をかけて大事に蓄積してきた資質・能力をベースにした生活科ならではの評価の視点をこそしっかりと継承していくことである。

第3章

事例：学習指導要領が目指す 新しい生活科の授業

第3章　事例：学習指導要領が目指す新しい生活科の授業

第1節
「内容⑴学校と生活」を中心とした事例

1　単元「がっこうたんけんをしよう」（第1学年）の構想

(1)　「学校探検」の価値

　入学当初の1年生の児童は，慣れない新しい環境のもと，期待を抱くとともに，緊張している。何よりもまず学校生活に慣れ，安心感をもつことが重要である。そこで，児童の「学校には何があるの？　知りたいな」という思いや願いから生じる自然の流れの中で学校探検を仕組んでいき，生活科と他教科を関連させた合科的・関連的な指導を展開していくことが重要となる。「学校探検」を通した活動の展開は，スタートカリキュラムの中核となる単元としての価値がある。このような価値を教師が見いだし，意識しておくことで，児童は学校生活に徐々に適応し，充実した学校生活が送れるようになる。

(2)　「学校探検」で育てたい三つの資質・能力

　次の三つの資質・能力を育むことを意識して，主体的・対話的で深い学びを意識した「学校探検」を構想したい。

【「学校探検」で育てたい三つの資質・能力（例）】

知識及び技能の基礎	思考力，判断力，表現力等の基礎	学びに向かう力，人間性等
学校での生活は，様々な人や施設と関わっていることが分かる。	学校の施設や人々，友達と繰り返し関わることを通して，施設の様子や人々の思いや願い，自分との関わりを考えることができる。	学校が自分にとって安心して生活できる場所だと実感し，自信をもって楽しく生活しようとする。

114

(3) 「学校探検」のポイント

学校探検の学習活動を展開していく際に，以下の六つのポイントを意識しておきたい。それぞれのポイントは互いに関連し合っている。生活科での児童の学びの過程の特徴が，関連付きながら，連続しているものであることを意味している。

①　児童の思いや願いを基にすること

児童の思いや願いを基に，それらを実現していく過程を重視する点である。児童の「学校のことを知りたい」という願いから出発し，それらを実現していく過程を意識しておく。そのことは，生活科を進める上での大前提でもあるし，児童の主体性を育んでいくことにもつながる。だからこそ，安全を確保した上で，個々の児童が行きたい場所に自由に探検することも大切である。児童の興味・関心はそれぞれ違うので，個々の思いを保障することを大切にしたい。

②　身近な人々，社会及び自然と直接関わり合うこと

学校という児童にとって身近な生活の場を活動や体験の場，またはその対象とし，身近な人々，社会及び自然と直接関わり合う点である。ただ話を聞いたり，客観的に見たりするだけではなく，直接関わり合う活動や体験が児童にとって実感をともなっての気付きとなっていく。そして，安心して学校生活を送れるようにもなっていく。

また，探検をしていて分からないことを思い切って尋ねてみるという経験は，「思考力，判断力，表現力等」を発揮している姿そのものである。④とも関連して，そのためにも，学校探検は「一度行ったら終わり」ではなく，何度も繰り返し行うことが重要となる。また，同じ目的をもった友達と探検を共にすることで，その友達との対話も生まれ，協働的な学びの基礎となっていく。

③　自分との関わりで捉えること

上述の②と関連して，自分との関わりで学校の中の身近な人々，社会及び自然を捉えるという点である。学校探検で様々な人や施設，自

第3章　事例：学習指導要領が目指す新しい生活科の授業

然との関わりを通して，「自分だけのお気に入り」を見付けていく。そのことで学校生活が楽しく安心したものとなっていく。

④　探検活動の繰り返し

探検活動の繰り返しによって，一度では気付かないことに気付いたり，自分に自信をもったりすることができる点である。何度も活動を繰り返すうちに，児童は新たな発見をしていく。施設の様子や学校生活を支えている人々や友達との関わり方を学んでいく。そして，学校生活が様々な人や施設と関わっていることにも気付いてくる。深い学びにつながっていく。また，探検活動を繰り返すことで，最初は思うようにできなかったことが，徐々に要領を得てできるようになる。そのことで，自信をもち，学校生活がより楽しいものとなっていく。

⑤　体験の交流

個々の児童が，体験し直接対象と関わる中で感じたことや考えたことを，表現し交流し合う場を設定する。そのことで，児童は互いの思いを伝えたり，伝え合ったりすることの心地よさに気付いていく。それが深い学びに向かうプロセスとなっていく。大切なことは情報が一方向ではなく，双方向に行き来することである。最初から双方向の学びを望むのは難しいかもしれない。その姿を目指しながら，児童の実態に合わせて，適切な場をつくっていきたい。

⑥　自らの成長

活動を通して，自らの成長に気付いていく点である。④とも関連しているが，繰り返しの活動の中で新たな発見をしたり，できなかったことができるようになったりして，自分の成長に目が向いていくことになる。また，1年間を振り返ったときに，「何も分からなくて，ドキドキしながら学校探検をしたね」などと，自分の成長を実感していくこともできる。2年生での「学校探検Ⅲ」では，1年生に学校を案内する活動を通して，1年前の自分と今の自分の様子を比較することで，自分の成長に気付いていくことができる。

116

2　児童や学校，地域の実態に応じた単元の展開例

「学校探検」単元の展開として，児童や学校，地域の実態に応じて，様々な展開が考えられる。そのいくつかの例を挙げていく。どの場合も，「探検活動→交流→探検活動→交流…発表…等」というように繰り返し行うことで，学校が自分にとって安心して生活できる場所だと実感し，自信をもって楽しく生活しようとする態度を養っていけるようにする。

(1)　一人一人の興味・関心で探検活動に向かう場合

児童が，興味・関心をもつものはそれぞれ違う。だからこそ，その思いや願いを最大限に尊重した学習活動としていきたいものである。自分の興味・関心にそって学習を進めていけたという経験は，児童のその後の学びの姿勢にも大きく影響する。「やってみたい」「できるようになりたい」の思いが実現できる場が学校であることを実感するであろう。

(2)　ペアを作って探検活動に向かう場合

ペアの作り方は様々であるが，1人だけでの探検が心配な場合や，単独行動だと把握が難しいと考えられる場合は，2人でペアを作って探検に向かうようにすることも考えられる。このとき，大切になってくるのが，「お友達はどこに行きたいと思っているのか」をしっかりと話し合わせることである。1対1の対話的な学びの始まりでもある。これ以上人数が増えてしまうと，それぞれの願いの実現が難しくなり，探検活動が停滞してしまう恐れがあるので配慮が必要である。

(3) 2年生の案内で探検活動に向かう場合

2年生からの要望で案内をされるという活動も予想される。その場合，1，2年生の担任で十分に確認しておかなければならないことは，それぞれの立場でねらいが違うということである。同じ学校探検でも，1年生には1年生の，2年生には2年生のねらいがあるはずである。留意点としては，1年生が自分で探検をした後に，2年生との活動を組み込む流れにしておくことである。その方がより主体的に活動に参加したり，2年生に疑問を尋ねたりして，施設や人に対して多様な見方や考え方ができることにつながっていく。

(4) 「学校探検Ⅱ」として，より探検を深める場合

「学校探検Ⅰ」を終え，学校生活に慣れてきた頃，再び「学校探検」に出かけることで，施設や人について，4月当初とは違った見方や考え方ができるようになる。その施設や人の「○○博士」を作っていく活動も児童の学習意欲を増すことにつながるであろう。

(5) 園児を案内するために再度「学校探検」を行い，学校の自慢を探す場合（内容(9)「自分の成長」と合わせて）

入学間近の園児を学校に招待し，その案内をする活動も考えられる。約1年間過ごしてきた小学校を園児の視点で振り返ることで，自

分の成長を感じるきっかけにもすることができる。このときに，園児に優しく話しかける児童の姿は，すっかり「お兄ちゃん・お姉ちゃん」の頼もしい2年生となっているはずである。

(6) 2年生になってから，1年生を案内する場合

(5)と同様に，後輩を案内するために，学校をもう一度探検して準備をすることも考えられる。その際，2年生には常に「なぜその活動が必要なのか」を問い返していくことで，1年生の視点に立って学校探検を進めていけるようになるであろう。

3 学習場面の例と学習指導のポイント

　児童の学習活動を深い学びにし，三つの資質・能力を育成していくために，最低限，以下の点に注意しながら指導を行っていきたい。

・安心や安全の確保：入学してすぐ，トイレや靴箱，教室への通路など児童が学校生活を送る上で最低限知っておくべき施設については，全体での指導を行って児童の安全や安心の確保を行う。

・ねらいの共有化（学年・学校全体）：指導案を全教職員に配付し，探検のねらいや活動内容等を周知徹底しておくこと。そのことで，学校全体で児童への声掛け・指導ができる。

【参考文献】
○文部科学省『小学校指導要領解説　生活編』平成29（2017）年6月

第3章 事例：学習指導要領が目指す新しい生活科の授業

第2節
「内容⑵家庭と生活」を中心とした事例

1 単元「かぞく大すき大さくせん」（第1学年）の構想

　本単元では，家族について紹介する活動や，自分にできる手伝いを
する活動を通して，『家族を喜ばせたい』『家族の役に立ちたい』とい
う思いや願いを達成していく楽しさを味わわせながら，自分の活動を
連続・発展させようとする意欲を高める。同時に，これまでの経験を
生かしながら，家族のために自分の力で取り組む方法を考えたり，実
際に工夫して取り組んだりするとともに，気付いたことを表現する力
を培う。また，家族のよさやそれぞれの役割，自分が家族に愛されて
いることに気付き，家族の一員として自分の身の回りのことや手伝い
などの家庭に必要な習慣や技能を身に付けることができるようにす
る。さらには，これらの活動を通して，自分の取り組み方のよさや成
長に気付かせることもねらっている。

　このようなねらいを踏まえ，次のような考えで単元を構成していく
こととする。

(1) 関連のある活動ごとに考えられる活動を整理する

　ここでは，まず，子供が自分の生活や家族に対して興味や関心をも
てるようにすることが大切である。そこで，単元の始めは，自分の生
活を見つめ直したり家族に関することを調べたりする活動を設定して
おくことが必要である。次に，調べたことを基に，自分にできること
を考え，自分にできることをやってみようとする意欲を高めていくこ
とが大切である。そこで，家庭生活において自分にできることを実践

120

していく活動を設定する。さらに，これらの活動を通して，自分の成長を実感し，これからの家庭生活においても健康に気を付けながら，自信と意欲をもって楽しく豊かな家庭生活をつくっていこうとする態度を育てることが大切である。そこで，単元の終わりには，活動の成果を交流し合い，家族と成長の喜びを共に分かち合う活動を設定することが必要である。これらのことを踏まえると，「自分や家族の生活に関すること」「自分の役割に関すること」「これからの自分の在り方に関すること」の三つのまとまりが考えられる。

(2) 子供の思いや願いを想定する

三つのまとまりの中に活動を設定する際には，子供がどのような思いや願いをもちながら，次の活動を見いだしていくのかを考えていくことが大切である。(1)で設定した三つのまとまりを子供のどのような思いや願いでつないでいくかを想定しながら，それぞれのまとまりの中に活動を配列していくこととする。

(3) 自己を振り返る場を設定する

子供が活動に対する達成感や成就感を感じ，これからの自分自身の

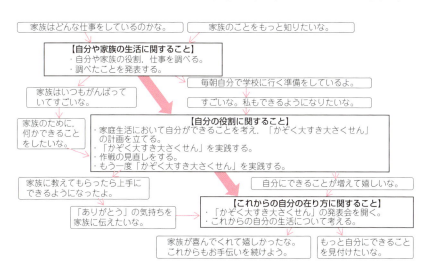

図3-2-1 単元「かぞく大すき大さくせん」構想イメージ

第3章　事例：学習指導要領が目指す新しい生活科の授業

家庭生活を楽しく豊かなものにしていこうとする態度を育てるためには，活動後に，自己を振り返る活動を設定することが大切である。家庭での実践報告を行う中でお互いの取組のよさを伝え合う活動や家族からの感謝の言葉等を通して，自分の成長を実感する活動を設定することにより，自分自身への気付きを深めていくことができると考える。

2　児童や学校，地域の実態に応じた単元の展開例

前述の単元構想を踏まえ，1年生における家族単元では，次のように活動を展開していくこととする。

表3-2-1　単元計画「かぞく大すき大さくせん」（全12時間）

主な学習活動 （　）内の数字は時数	教師の具体的な働きかけ
1　かぞくごっこをしよう(1) ○グループで家族ごっこをして遊び，気付いたことや思ったことを話し合う。 　わたしたちが学校に行っている間，家の人はどんな仕事をしているのかな。	・家族への関心をもつことができるようにするために，家族ごっこ遊びを提案する。 ・家族ごっこを通して，家族にはそれぞれ仕事や役割があることに気付くことができるようにする。
2　かぞくのことをしょうかいしよう(3) ○家族調べの計画を立てる。 　家の人のお仕事のことを聞いてみたいな。 ○調べたことをまとめる。 　家の中でも家の外でもお仕事は大変そうだな。大変だけど，家族のためにがんばっているんだね。 ○家族のことをお互いに紹介する。 　みんなの家族もいろいろなことをがんばっているんだね。家族のために何か自分たちにもできないかな。	・家族調べに対する意欲を高めるために，前時の家族ごっこを振り返りながら，詳しく知りたいと思ったことや家族の仕事や役割のことで分からなかったことなどを引き出す。 ・家族の何について調べたらいいか分からずに戸惑っている子供には，次のような観点を参考に計画を立てさせる。 ☆自分や家族の仕事や役割 ☆好きなことや得意なこと ☆子供の頃の思い出　等 ・家族調べの活動は，家庭で行うため，事前に保護者への協力の依頼をしておく。
3　かぞく大すき大さくせんをしよう(3)	・家族紹介の活動で高まった思いを基に，

122

第2節 「内容(2)家庭と生活」を中心とした事例

○家族のために自分ができることを考える。 　友達みたいに，ぼくもお手伝いをしてみよう。 ○自分の「かぞく大すき大さくせん」の計画を立て，家庭で実践する。 　毎日続けることは，難しいな。どうすればうまく続けられるかな。 ○作戦を見直して，もう一度家庭で実践する。 　お手伝いをすることを忘れないように，お手伝いをする時間を決めてみよう。	家族大好き大作戦の活動を提案する。 ・作戦を立てる際には，「自分の力でできること」という視点でできることを考えさせるようにする。 ・1回目の実践後に，自分の取組の成果と課題を洗い出させ，うまくいかなかった点を共有しながら，改善策を考えることができるようにする。 ・大作戦取組チェックシートを準備し，家庭での自己の取組を振り返ることができるようにする。
4　大さくせんのほうこくかいをしよう 　(3) ○作戦を振り返り，できたことや気付いたことをまとめる。 ○作戦の報告会を開く。 　お手伝いを続けたら，家族がすごく喜んでくれたよ。 5　もういちどかぞくごっこをしよう(2) ○もう一度家族ごっこで遊び，作戦前の遊び方との違いを考える。 　家族の仕事が分かったから，家族ごっこが前よりも楽しくできたね。 ○これからやってみたいことを考える。 　自分でできることが増えたら，家族が喜んでくれたよ。これからも自分でできることをどんどん増やしていきたいな。	・家庭での実践を振り返り，できるようになったことを自分なりの方法でまとめ，報告会の準備をする（紙芝居，カード，動作化，等）。 ・報告会には，保護者を招待し，子供の取組に対して感想を伝えてもらい，取組に対する価値付けをしてもらうようにする。 ・単元の終末にもう一度家族ごっこをして遊ぶ。その際，遊んだ後，導入時との違いを考えさせ，前回の遊びと比べると，家族の役割などが分かり，遊びの内容が充実していることに気付くことができるようにする。 ・家族大好き大作戦や家族ごっこを振り返りながら，できるようになったことが増えたことを実感させ，これからの家庭生活においても進んで自分ができることをしていこうとする意欲を高める。

3　学習場面の例と学習指導のポイント

(1)　家族の役割や仕事に着目させるために

家族の存在は，子供にとって大変身近なものであり，その役割や仕

123

事について考えることは，どの子供も普段の生活においてそれほど多くはないものと考える。また，家庭は学校とは違うフィールドに存在するものであり，それをどのように教室の中に存在させるかが，家庭や家族への関心をもたせるための重要なポイントになってくると考える。そこで，単元の導入では，家族ごっこ遊びを取り入れ，家族の役割や仕事に着目することができるようにする。子供は，家族ごっこ遊びの中で，自分の家庭生活を投影したり，また，多様な家族像を描いたりしながら遊ぶ。家庭生活を家族ごっことして教材化することによって，教室の中でもその存在を感じながら，役割や仕事について考えることができるものと考える。家族にはそれぞれ役割や仕事があることに気付くことができるようにするために，遊びの様子を細かく見取りながら，何をしているのか，何のためにその行為をしているのかを問いかけていくこととする。

T 「あなたは何をしていたの？」
C 「料理だよ」
T 「どうして料理をしているの？」
C 「だって，家族のためにご飯を作ってあげなきゃいけないでしょ」
T 「そうか，家族のためにご飯を作るお仕事があるんだね」

(2) 自分の取組を見直すために

単元の展開では，家庭生活において自分にできることを考え，そして，そのことを実践していく活動を行う。その際，自分なりに取組を工夫しながら，活動を連続・発展させていくために，自分の取組を見直す活動が必要になってくる。そこで，作戦を振り返る活動を設定し，取組の成果と課題の両面から振り返らせ，「うまくいかなかったところはどうしたらいいかな」と問いかけ，問題解決への意欲をもたせるようにする。そして，出された課題を基に，取組の種類ごとのグ

ループを設定し，そのグループで課題の解決策を話し合わせる。その際，それぞれの課題を共有するために，一人一人の課題をカードに書かせ可視化させた上で，そのカードを基に課題を整理していく。また，自分の考えた改善策を試すことができる場を設定し，実際に試すことと話し合いながら考えることを繰り返しながら解決策を見いだすことができるようにする。

「こまったカード」に，家庭での取組についての課題を記入し，同じ種類の課題ごとに整理し，ボードに貼っていく。その後，解決策をグループで考え，書き込んでいく。

自分たちが考えた解決策を試すことができるように，子供の課題に合わせて道具（洗濯物や食器，掃除機等）を準備しておき，実際に試しながら，自分の作戦を見直すことができるようにする。

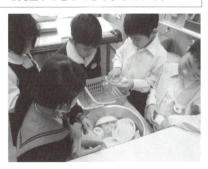

(3) 自分自身への気付きを高めるために

この単元では，子供が家族の一員として，自分の役割を果たしながら，進んでよりよい家庭生活を創り出していこうとする態度を育てることが大切である。そのためには，「自分にも家族を喜ばせることができるよ」「私が頑張ったら家族は嬉しい気持ちになるんだね」と自信をもつことができるような，家族からの肯定的な評価が欠かせない。そこで，PTA活動や学級通信の中で，単元のねらいを伝え，どのような関わりをしてほしいか具体的に保護者に伝え，協力を得られるようにした。

第3章 事例：学習指導要領が目指す新しい生活科の授業

> 今，生活科では「かぞく大すき　大さくせん」という単元で，自分の生活や家族について調べたり，家族のために自分にできることは何かを考え話し合ったりして，自分で決めたことを家庭で実践していこうという学習を進めています。そこで，決めたことができたかどうかを自分で振り返るために，「かぞく大すき　大さくせん　チェックシート」を使って，毎日の記録を残しています。チェックシートには保護者の方からも，一言もらう欄もありますので，その取組が始まりましたら，御協力くださると助かります。実践できた子供への価値付けの言葉や，感謝の気持ち等，家族からの一言が子供にとっての大きな励ましになると考えます。御理解と御協力をお願いします。

学級通信に掲載した文例

第3節 「内容(3)地域と生活」を中心とした事例

第3節
「内容(3)地域と生活」を中心とした事例

[第1学年]

1 単元「おさんぽえんそくにいこう！」の構想

　内容(1)の「学校と生活」における通学路の様子を発展させ，地域に関わる活動を通して地域の場所やそこで生活したり働いたりしている人々について考える単元である。

(1) 単元の目標

　通学路の動植物やそこで出会う人々等，地域のよさに気付き，それを保育所の友達に紹介する活動を通して，気付きをさらに深め，地域に愛着をもつとともに，幼児や友達，地域の人々と関わることの楽しさが分かり，進んで交流する態度を身に付ける。

(2) 単元について

　入学して間もない子供たちは，学校生活全てが初めての体験で，日々の新しい発見や刺激に学ぶ喜びを感じ，何事にも意欲的に取り組む。その意欲を生かすことができるよう，子供の願いを基に次の課題を設定しながら，活動範囲を学校生活から徐々に通学路，地域に広げていく。

　登下校や通学路探検の中で出会う自然や人々，地域の暮らしの様子等発見したことを，友達と交流

写真1　おさんぽえんそくで道路を渡る子供たち

127

する中で，地域の素晴らしさや安全な行動へと意識が向けられるようにする。それを，自分たちの周りには地域をよくしようと活動したり安全を守ってくれたりする人がいることや，地域の人々が利用できる場所があること等の気付きにつなげていく。さらに，単なる意識の芽生えではなく，実際に安全に通学路を歩けるようになったり，地域の行事に進んで参加したりする等生活に生かせる力が身に付くことをねらいとしている。

　また，保育所の幼児と交流すること（写真１）で，交流することの楽しさや自分自身の成長に，さらに，多くの関わりや体験により，地域と自分たちとのつながりに気付くことをねらいとしている。

2　児童や学校，地域の実態に応じた単元の展開例

	学習活動・内容
第一次	【なかよしたんけんたいをけっせいしよう】 １．「なかよしたんけんたい」を結成する。 　　探検隊の名前やテーマソング，マーク等を考えることで意欲的に取り組めるようにする。 ２．通学路探検の計画を立てる。 　　行ってみたいところ，見てみたいもの，話を聞いてみたい人等を出し合ってコースを決め，計画を立てる。
第二次	【つうがくろたんけんに出かけよう】 １．三～四つのコースをみんなで探検する。 ・道路や自然，施設や建物の様子をよく観察する。 ・地域の人に出会ったときはあいさつし，聞きたいことを聞く。 ２．探検して気付いたことをカードに書いて発表し合う。 　　大きな地図や立体的な模型を作成することで，視覚的に思い出しやすくする。 ３．もう一度行きたい場所，調べてみたいことを考え，発表する。 ・思考ツールを使って，考えをまとめやすくする。 ４．もう一度探検に出かける。 ・前回の探検で気になったことをより深く調べるために，地域の方の話を聞いたり，地域センターの行事に参加したりする。
第三次	【おさんぽえんそくにいこう】 １．保育所の友達をおさんぽえんそくに案内する計画を立てる。

第3節 「内容(3)地域と生活」を中心とした事例

> ・招待状を作成したり，グループ名やグループのバッジを作ったりし，意欲を高める。
> ・行ってきますの会やただいまの会の内容や役割を決め，児童が主体的に進められるようにする。
> ・安全にいくためのルールを話し合う。
> 2．おさんぽえんそくに出かける。
> ・オリエンテーリング形式で課題を解決しながら，マップに従って進む。
> ・オリエンテーリングの課題は，通学路探検で学んだことや，生活に生かせる内容にする。
> 3．おさんぽえんそくを振り返り，学習したことや地域のすてきをまとめる。

※地域の実態に応じ，お年寄りや保護者をおさんぽえんそくに案内することも考えられる。

3　学習場面の例と学習指導のポイント

(1)　一次：町探検の計画を立てる

　探検に出かける場所を決める際は，地域を中心とするウェビング等の思考ツールを使い，知っている場所，行ってみたい場所，会ってみたい人等をできるだけ多く出し合う。

(2)　二次：探検して気付いたことをカードに書いて発表し合う

　町探検で気付いたことをカードにできるだけたくさん書き出す。このとき，場所・人・その他，種類によって色や形の違うカードを使う等の工夫をする。

　発表する際は，できるだけ大きな地図や立体的な模型にカードを置かせ，可視化させることで探検した内容を思い出しやすくする。さらに，ただ地図にカードを置くだけではなく，そこから，「どんなことが分かるか」「疑問に思うことはないか」「次は何を見たいか」等深い学びにつなげることが重要である。

(3)　三次：おさんぽえんそくに出かける

　おさんぽえんそくは，グループごとにオリエンテーリング形式です。課題（写真2）のあるポイントが書かれた地図を準備し，グループごとに数分おきに出発する。1年生と保育所の幼児を混ぜたグルー

プで，教員か保育士，人数が足りない場合は保護者に依頼し，必ず1人は大人が付くようにする。問題は，二次の「つうがくろたんけん」で子供たちが見つけたヒミツや，生活に生かせる内容にすることで，1年生は，保育所の幼児に自信をもって説明することができ，達成感や満足感につながる。また，幼児は「お兄ちゃん，お姉ちゃんかっこいいな」「来年は僕たちの番だな。学校に行くのが楽しみだな」とあこがれや期待感をもつことができる。

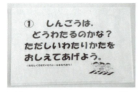 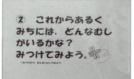 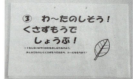

写真2　オリエンテーリングの課題例

[第2学年]

1　単元「地域ワクワクマップを作ろう！」の構想

2年生が，地域についてすでに知っていることを基礎にして，町探検やインタビュー，アンケートなどを通して分かったことを交流し，マップに構成していく単元である。できたマップが学校全体で活用されることで，活動の意義を高めることができる。

(1)　単元の目標

地域を探検したり，見付けたことを伝え合ったりする活動を通して，地域の人々の願いを知り，自分たちの生活は地域の様々な人や場所と関わっていることが分かり，地域への親しみや愛着をもつとともに，自分にもできることはないか考え実践しようとする態度を身に付ける。

(2)　単元について

低学年の児童は，まだ1人で出かけることが少なく，行動範囲はあ

第3節 「内容(3)地域と生活」を中心とした事例

まり広くない。そこで，町探検として地域に何度も足を運び，様々な人にインタビューしたり，調べたりする中で，地域の人々の思いや願い，自分たちとの関わりに気付かせたい。

インタビューの仕方やカードへのまとめ方は，国語科で身に付いた力が発揮できるようにし，教科間のつながりを感じることができるようにする。

さらに，それを他学年や次年度に生かせるマップにまとめる活動を通して，地域のよさに気付き地域に親しみや愛着を感じるとともに，作った達成感や役に立った満足感を味わえるようにする。

2 児童や学校，地域の実態に応じた単元の展開例

	学習活動・内容
第一次	【町探検のけいかくを立てよう】 1．町の情報を集める。 　児童の知っていることを挙げるだけではなく，学校や家庭でアンケートをとって情報を集める。 2．町探検の計画を立てる。 　訪問したい名人，体験したいこと，行ってみたい場所等を決め，町探検の計画を立てる。
第二次	【町探検に出かけよう】 1．町探検に出かけ，インタビューしたり，体験したりする。 2．調べて分かったことを交流する。 ・思考ツール《ベン図（写真3）》や《ウェビング》を使って交流し，気付きが深まるようにする。 写真3　視覚的に気付きが出やすいベン図による比較

131

| 第三次 | 【地域ワクワクマップを作ろう】
1．調べたことをマップ（写真４）にまとめる。
　学校に掲示し，他学年や次年度に活用できるようにする。 |

写真４　地域ワクワクマップ

3　学習場面の例と学習指導のポイント

　町探検では，季節を変えて同じ場所を繰り返し訪問し，内容(5)の「季節の変化と生活」と関係付けて大きな単元を構成することも考えられる。季節による違いに気付き，それを地域の人々に質問する活動などに発展するであろう。また，それにより人々の思いや願いに触れ，違いの意味に気付くこともあるだろう。

　指導に当たっては，季節など時間による様子の違いや場所など空間による様子の違いを，ベン図などの思考ツールの活用で可視化することで，比較や分類が容易になる。板書の工夫や写真などの提示物の工夫によって，新たな気付きが生まれたり気付きが関係付いたりするようにしていきたい。

第４節
「内容⑷公共物や公共施設の利用」を中心とした事例

１　２年間の生活科カリキュラムへの位置付け例と考え方

第２章第２節４で述べた考え方を基にして，内容⑷を２年間の生活科カリキュラムの中に次の例のように位置付けた。

【内容⑷を位置付けた年間指導計画例】

月	第１学年「単元名」	第２学年「単元名」
4	「がっこうだいすき・ともだちだいすき」 ・がっこうをたんけんしよう あさがおさん　だいすき	「今日から２年生」 「町たんけんへでかけよう」 やさいさん　大すき
5	・みんなですなばであそぼう （道徳「みんながつかうばしょ」）	（道徳「きまりをまもる」）
6	・○○こうえんであそぼう 「なつとあそぼう」	「小さな生きもの　ひみつがいっぱい」
7		
9	「いきものとなかよし」 （道徳「みんながきもちよく」）	「うごくおもちゃを　作ろう」
10	「あきとあそぼう」	「しりつとしょかんで見つけよう」
11	「つくって　あそんで」	（道徳「みんながつかうもの」） 「大すき　わたしたちの町」
12	「かぞくだいすき」	「思いをつなげよう」
1	「ふゆとあそぼう」	「明日へ　ジャンプ」
2		
3	「もうすぐ２ねんせい」	

(1)　幼児期の教育との接続から

遊びを中心とした幼児教育を踏まえ，入学当初に「がっこうだいすき・ともだちだいすき」という大単元を設定する。この単元は，遊び

を中心としながら，様々な学習へと発展していく単元であり，スタートカリキュラムの中心となる単元である。この中に，遊びに使える公共施設として，学校から歩いて行くことができる距離にある公園を扱う小単元を設定する（p.137に展開例）。

(2)　第3学年以降の学びへの発展を期待して

第3学年以降の学びへの発展の観点から，第2学年2学期に「しりつとしょかんで見つけよう」という単元を設定する。本単元では，思いや願いの実現に向けて図書館を利用する体験を行うことができるようにする（p.138に展開例）。

(3)　他教科等との関連を図って

指導の効果を高めるために，各教科等との関連を図れるようにする。例えば，「規則の尊重」に関する道徳の授業を，本内容の学習活動の前後に配置することも考えられる（道徳が特別の教科になることから）。また，第2学年単元「しりつとしょかんで見つけよう」は，国語科の学習で高まった「楽しいお話の本を見つけたいな」という思いから単元を始めることができるようにすることもできる。

(4)　他の内容との関連を図って

公共物や公共施設の利用に対して，児童の必要感を高めるために，他の内容との関連を図るようにする。第1学年小単元「○○こうえんであそぼう」は，前の小単元「みんなですなばであそぼう」と関連性や発展性をもっている。また，第2学年単元「やさいさん　大すき」は，内容(7)動植物の飼育・栽培であるが，そこで自分が育てる野菜をバスに乗って種苗店へ出かけて購入する活動（小単元「やさいさんこんにちは」）を設定する（p.137に展開例）。

(5)　児童の空間的な認識の広がりを考慮して

児童の空間的な認識の広がりを考慮して，利用する公共物や公共施設を選定する。第1学年小単元「○○こうえんであそぼう」は，入学当初であるため，徒歩で行ける公園を取り扱いたい。また，友達との

第4節　「内容(4)公共物や公共施設の利用」を中心とした事例

遊びを中心とした活動になるため，遊具や広場が十分にある公園を選定したい。第2学年になるとさらに空間的な広がりをもたせて，バスなどの公共交通手段や町探検で見付けた公共施設を利用したい。いずれにしても学校や地域の実態に応じた展開とすることが大切である。

2　主体的・対話的で深い学びを実現する学習指導

　本内容における「深い学び」を資質・能力の三つの柱から整理した。

【内容(4)における深い学びを三つの柱で整理】

知識及び技能の基礎	・身の回りには，みんなで使うものや場所があり，それらのよさや働きに気付くとともに，それらを支えている人々に気付くことができる。 ・公共の場でのルールやマナーを守って，安全に正しく利用することができる。
思考力，判断力，表現力等の基礎	・身の回りの公共物や公共施設のよさや働きを，自分や自分の生活とつなげて捉えることができる。
学びに向かう力，人間性等	・身の回りの公共物や公共施設に対して親しみや愛着をもち，それらを大切にして，学習や生活で生かそうとすることができる。

　ここでのポイントが，「公共物や公共施設のよさや働きを，自分や自分の生活とつなげて捉えること」である。これは，今回の改訂のポイントである「身近な生活に関わる見方・考え方」と大きく関わる部分である。

　公共物や公共施設のよさや働きを，自分や自分の生活とつなげて捉えるために，どのような学習活動が必要なのであろうか。それは，その公共物や公共施設を実際に利用することに他ならない。図書館や公園など，単に見学したりインタビューしたりすることではなく，図書館であれば，実際に本の貸し借りを行ったり読み聞かせを聞いたりすること，公園であれば，実際に遊んだり生き物探しをしたりすること

である。これは，児童の主体的な学びの視点からも有効な手立てである。このような直接的で具体的な体験ほど，児童の主体性は増していく。

また，声かけ例としては，「これまで，○○図書館を，どんなことで利用したことがありますか？」「○○公園がなかったら，みんなは，どうなっちゃうかな？」など，それらの公共物や公共施設に関するこれまでの生活経験を問う発問や，それらの公共物や公共施設がどのような面で自分の生活を豊かにしてくれているかに気付かせる発問などが考えられる。これらは，対話的な学びの視点からも有効である。このような発問から，児童と教師，児童同士の対話が生まれ，多様な気付きや考えが生まれてくる。このような言語活動から得られた気付きから，さらなる思いや願いが生まれ，児童の主体性はさらに高まりより安定的に発揮されていく。

このようにして，「公共物や公共施設のよさや働きを，自分や自分の生活とつなげて捉えること」を指導の中心に据え，主体的・対話的に学ぶ児童の姿を学びのプロセスに置き，深い学びを目指す学習指導が求められる。

3　単元の展開例

ここでは，前項で示した年間指導計画例にある三つの小単元について，実践例を紹介する。

(1)　第1学年小単元「○○こうえんであそぼう」の事例

本小単元は，大単元「がっこうだいすき・ともだちだいすき」の中に位置付いている。学校探検で生まれた「～で遊びたいな」という思いや願いから，遊具遊びや砂場遊びを行い，その後「もっと，友達と遊びたいな」という思いや願いを基に，本小単元を設定する。

第4節 「内容(4)公共物や公共施設の利用」を中心とした事例

【「○○こうえんであそぼう」の展開例（全5時間）】

学習過程	主な学習活動と 児童の思いや願い，気付き	時数	教師の具体的な働きかけ （教具・発問・活動・板書等）
思いや願いをもつ　　活動や体験をする　感じる・考える　伝え合う・振り返る	・もっと友達と遊びたいな。仲よくなりたいな。 ・○○公園って楽しいよ。 ・行ってみたいな。 1　○○公園で遊ぶ計画を立てよう ①　何をして遊ぶか。 ②　気を付けること。等 2　○○公園で遊ぼう ①　公園を1周する。 ・多目的トイレがあるぞ。 ・公園の使い方が書かれた看板があるね。 ・いろんな人がいるよ。 ②　みんなで遊ぶ。 ・○○公園って楽しいね。 ・友達が増えたよ。 3　公園遊びを振り返り，楽しかったことやできたことを伝え合おう。 ・ルールやマナーを守って利用すると楽しくなるね。	2 2 1	○○○公園の写真を提示し，「ここはどこ？」と発問し，○○公園での遊びへの意欲を高める。 ○「○○公園ってどんなところ？」と問い，生活経験を引き出し，何をするか，どんなことに気を付けるか話し合う。 ○公園に着いたら，一度，公園を1周し，公共のルールやマナーについて確認し，具体的に指導する。また，その際，公園を利用する人々にも着目させるような問いかけを行う。 ○公園とのつながりに気付かせるために，「○○公園って，みんなにどんなことをしてくれたのかな？」と問う。
	「もう一度行きたいな」　という思いや願いから，再度公園で遊ぶことで，さらに気付きの高まり，意欲や自信の深まりが期待できる。		

(2)　第2学年小単元「やさいさん　こんにちは」の事例

　本小単元は，大単元「やさいさん　大すき」の中に位置付いている。ここでは，公共のバスを使って，校外の種苗店へ出かけ，自分が植える野菜の苗を購入する活動を行う。

【「やさいさん　こんにちは」の展開例（全4時間）】

学習過程	主な学習活動と 児童の思いや願い，気付き	時数	教師の具体的な働きかけ （教具・発問・活動・板書等）
思いや願	・お店で野菜さんを買いたいな！　何にしようかな？	1	○バスの中の様子をイメージできるように，バスの車内の様子の写真を提示し，乗

137

	主な学習活動と児童の思いや願い、気付き	時数	教師の具体的な働きかけ
い を も つ 活動や体験をする 伝え合う・振り返る	1 野菜さんを買う計画を立てよう ① 何を育てるか ② バスを使うときに気を付けること　等 2 野菜さんを買おう ① バスに乗って行く。 ② 苗を購入する。 ③ バスに乗って帰る。 3 できたことや頑張りたいことを伝え合おう ・パスの運転手さんにお礼が言えたよ。 ・自分でお金を払えたよ。 ・野菜さん、ぼく頑張るよ！	2 1	り方や注意点を児童から引き出すようにする。 ○バスの車内では、状況に応じた対応ができるよう、児童の様子をよく観察しておく。 ○バスを降り、お店に着いたら、バスの乗り方について振り返らせ、できたことを価値付ける。改善点は、帰りのバスで改善できるよう励ますような声かけをする。

(3)　第2学年小単元「しりつとしょかんで見つけよう」の事例

　本小単元は、国語科で高まった「好きな本を見つけたいな」という思いや、「町探検で見つけた市立図書館に行ってみたいな」という思いや願いから設定する。

【「しりつとしょかんで見つけよう」の展開例（全7時間）】

学習過程	主な学習活動と 児童の思いや願い、気付き	時数	教師の具体的な働きかけ （教具・発問・活動・板書等）
思 い や 願 い を も つ 活動や体験をする 感じる・考える	・市立図書館で、好きな本を見つけたいな。 1　市立図書館へ行く計画を立てよう ① 図書館までのルート ② 気を付けること　等 2　市立図書館へ行こう ① 図書館の使い方や本の並べ方などについて司書の方の話を聞く。 ・みんなが使いやすいように、本の並び方には、決まりがあるんだね。 ② 実際に、好きな本を見付けて借りる。 ③ 図書館内を探検し、図書館のひみつを調べる。 ・点字の本があったよ。 ・絵本の森があったよ。 3　思ったことや見付けたひみつを伝え合	2 3	○探検で見付けた市立図書館の写真を提示し、利用の経験を問い、生活経験を引き出しながら、図書館の利用の仕方や気を付けることなどを確認させる。 ○図書館に着いたら、司書の話を聞く時間を設定し、ルールやマナーについて確認させる。 ○図書館とのつながりを実感できるように、実際に図書を借りる活動を設定する。 ○図書館探検を設定し、どんな人が利用するのか、利用しやすくするためのひみつを見つけられるようにする。 ○図書館を自分とのつながり

伝え合う・振り返る	おう ・体の不自由な人，幼稚園保育園生，おじいちゃんおばあちゃん，いろいろな人が使える素敵な場所だね。	1	で捉えることができるように，「みんなにとって，市立図書館ってどんな場所？」と発問する。 ○図書館への親しみや愛着を高めるために，お礼の手紙を書く活動を設定する。
	4　市立図書館の○○さんにお礼の手紙を書こう ・図書館のひみつを教えてくれてありがとうございます。また，家族で行きたいです。	1	

【参考文献】

○文部科学省『小学校学習指導要領解説　生活編』平成29（2017）年6月

○文部科学省『幼稚園教育要領』平成29（2017）年3月

第5節
「内容(5)季節の変化と生活」
を中心とした事例

　改訂では，どのような思考力，判断力，表現力等の育成を目指すのかが内容ごとに具体的に示された。内容(5)においては，身近な自然や生活の様子を比べたり分類したりしながら見付けた季節の違いや特徴について考え，季節の概念を形成していくことを目指す。これを明確にした上で，気付きの質を高める深い学びの実現に向け，次の二つの単元を構想した。

1　単元「あきとあそぼう！」（第1学年）
　～秋の自然を中心にした単元【内容(5)(8)】～

(1)　深い学びの実現に向けた単元の構想

○「秋見つけビンゴ」をきっかけに秋の自然に体全体でたっぷりと浸る中で，自分にとって価値あるものを見付け，こだわりをもって試行錯誤しながら，繰り返し関わることができるような場と活動時間を保障する。

○振り返り表現することで，活動や対象を見つめ直し気付きを自覚したり，前回の活動や友達と比べ，視点を変えて自分の考えを再構築したりして，次に「また試してみたい」といった思いや願いが膨らんでいくよう，体験活動と表現活動の相互作用を生かす。学級全体で毎回振り返りの時間を設定する必要はない。発見した「秋のひみつ」は，随時カードに蓄積し，振り返る際のきっかけにする。

ふわふわの葉っぱのおふとん，気持ちいいー

第5節 「内容(5)季節の変化と生活」を中心とした事例

○秋に関わる各教科等との学習と関連させ，児童の意識がストーリーとしてつながり，指導の効果が高まるよう単元を配列する。

(2) 単元の展開例

ア 単元の目標

図工 秋のものをかこう～アケビ～

秋の自然を体感できる場所に繰り返し出かけて遊ぶ活動や，気付いたことを友達に工夫しながら伝え合う活動を通して，秋の特徴や季節の変化に気付き，秋の自然を遊びや生活に取り入れながら，友達と一緒に楽しむことができるようにする。

イ 単元構想図（全16時間）

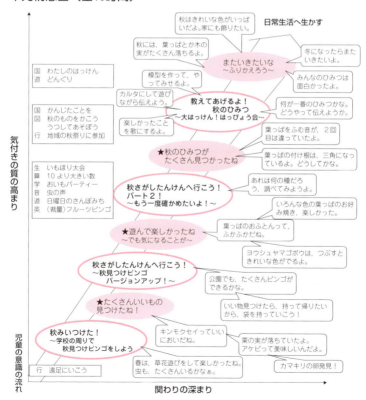

141

(3) 学習場面の例と学習指導のポイント

ア 各教科等との関連を図った表現活動の工夫

　活動に没頭し，自分だけが発見したとっておきの「ひみつ」は，友達に伝えたいといった表現への意欲を引き出す。「秋のひみつ大はっけんはっぴょう会」に向けて，表現したいことが伝わる表現方法を考える際，国語科，音楽科，図画工作科などでの表現方法との関連を意識し，自ら選択できるよう作品を掲示したり，適切な表現方法を示唆したりする支援を行った。また言葉に加え，絵・動作・劇化など多様な方法で互いの気付きを伝え合う中で，気付きが共有化され，様々な気付きと関連付けられることで，「秋には色が変わって落ちていくものがたくさんある」「秋には死んでしまうものがたくさんいる，でも卵を残す」など，秋の概念についての気付きが引き出された。

葉のじゅうたんを踏んだときの音の違いを紙芝居で表現

見付けた虫や草のことをかるたで表現

楽しかった遊びを歌で表現　※教師が楽譜にした

イ 伝え合い交流する活動での教師の言葉かけ

　児童が発表会で伝えたい気付きの内容から，秋の特徴として「実が熟し，種を落とすこと」に焦点を当てて交流することを計画した。A児が模型を使ってカエデの種の飛び方を発表した後，他の児童の知っていることと関連付けて考えられるように，種の飛ぶ様子を尋ねる言

第5節 「内容(5)季節の変化と生活」を中心とした事例

モミジの種を自作の模型で表現

```
T：モミジやカエデの種には，プロペラがあるんだね．不思議だね．
C：プロペラみたいに回りながら飛ぶのがよく分かった．
C：ぼくも，木をゆらして落としてみたけど，A君の模型は，本物らしく飛んでいた．
T：どんなふうに飛んでたの．
C：こんな風に，混ぜるように．（手振りで示す）
C：回りながら，遠くに落ちる．
C：風が吹いたときは，この辺まで飛んだよ．（地図を指差す）
C：だから羽があるんだ．
T：どうして遠くまで種を飛ばすの．
C：タンポポも風が吹くと，綿毛が飛んでいくよ．
T：似てるね．他にも，種を飛ばすものある？
C：アサガオは違う．
C：ホウセンカは，実が割れて種が飛び出すよ．
C：アサガオも割れて，下に落とす．
C：羽がついているのは，種を傷付けないようにだと思う．
C：アサガオとかは小さいから，周りに生えてもいいけど，カエデは木だから，近く
　だと成長できないから遠くに飛ばすと思う．
```

【A児がカエデの種の飛び方を発表した後の交流】

葉かけをしたことで，風との関係や他の植物との比較，植物が種を残そうとすることへ，気付きの質が高まっていった．

　直接「比べよう」と問うのではなく，多様な児童の発言や記述を丁寧に見取り，気付きを把握し，問い掛ける，尋ね返す，共感するなどの教師の意図的言葉かけが重要である．

2　単元「生きものとなかよし」（第2学年）の構想
～四季の変化を意識し，年間を見通した単元【内容(5)(7)】～

(1)　深い学びの実現に向けた単元の構想

○春には草花遊び，夏には生き物見付け，寒い時期には多様な木々の落葉や木の実見付けなど，多様な活動が広がるような身近で安心で

143

きる環境で，四季を通して繰り返し活動を計画することで，季節が移り変わる様子を実感することができるようにする。
○児童の思いや願いに沿った活動の深まりとともに，気付きの質も高まっていくよう，小単元ごとに主に引き出したい気付きと，単元全体を通した長いスパンでの気付きの質の高まりを想定する。

(2) 単元の展開例（単元構想図）

ア 単元の目標
季節の移り変わりを体感できる場所へ年間を通して探検に出かけ，生き物を採集・観察・飼育する活動を通して，季節によって見られる生き物や自然などが変化することや，生き物が成長することや生命をもっていることに気付き，生き物を大切にしながら関わることができるようにする。

イ 単元構想図（全33時間…春5時間，夏13時間，秋5時間，冬10時間）

※次ページ参照

(3) 学習場面の例と学習指導のポイント

ア 比較を促す掲示の工夫
季節ごとの活動の写真や，振り返りで共有した気付きを可視化した

活動写真の掲示

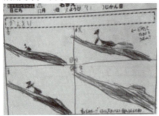

D児の生き物ひみつはっけんカード

B児【ミミズ】
　ぼくが，土をほってみると，ミミズがいました。ミミズは，葉っぱの下にいて，元気がありませんでした。よく見ると，なんだかよわっているみたいで，あんまり動かなかったから，土の上においてみたけど，ほとんど動きませんでした。食べ物もそんなにないし，あたり前だと思いました。冬と春とではちがうんだなと思いました。ミミズみたいにまだ生きているものもいるけど，春みたいにたくさんいなかったから，虫はしんだりとうみんしたりしているのかなと思いました。人と虫はちがうと分かりました。さむいじきじゃなくて，あったかいじきに，また虫をつかまえたいです。虫のことが知れてよかったです。

D児【カマキリ】
　春から秋まで大きくそだつのに，冬になるとたまごを生んだらすぐしんでしまうから，ちょっとさみしいです。でも，たまごから生まれるカマキリがいるから，そのカマキリを大切にしたらいいな。

E児【虫たんけんたい】
　落ち葉の下にいっぱい虫やカブトムシのしがいがあった。たぶん食料の葉っぱもかれているし，鳥や虫に食べられていくし，自分も食べられるし，食料もないとしんでしまうから，あんなしがいたくさんあるんだと思います。鳥も食べないとしぬから，おたがいさまです。ぼくは，虫にはなりたくなかったと思います。

【生きものひみつはっけんカードの記述】

第5節 「内容(5)季節の変化と生活」を中心とした事例

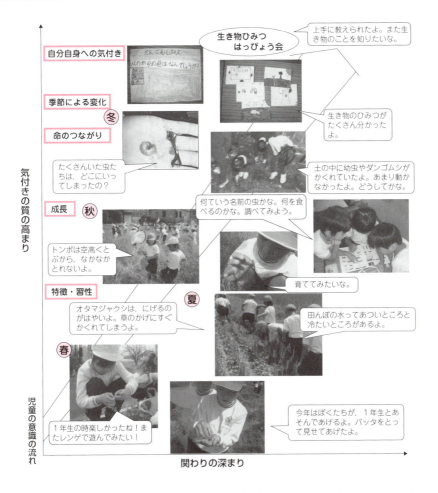

掲示物を手掛かりに比較し，共通点や相違点を関連付けて考えることで，季節の特徴に気付くようにした。

冬の田んぼ探検後，B児は季節によって生き物の様子が違うこと，D児は季節の変化とともに生き物が成長し，たまごをうむことでまた命がつながっていくこと，E児は寒くなると草が枯れるなどして餌がなくなるため虫が少なくなることや，食べたり食べられたりして生き物が生きていくことを表現している。単元末の「生き物ひみつ発表会」で，D児はこの気付きを基に，季節によるカマキリの様子の変化

145

を4枚の紙芝居と「四季の歌」の替え歌で生き生きと表現していた。
イ　ペアでの双方向の伝え合いを取り入れた「生き物ひみつ発表会」

　「生き物ひみつ発表会」では，年間を通して繰り返し関わる仲よしペアの1年生と伝え合いを行った。Ｉ児は，夏の飼育活動を振り返り，カエルのすみかとしてちょうどよい水の量について，相手にどう伝えたらよいか迷っていた。気付きを明確にさせる言葉かけを行うことで，Ｉ児は陸に対する水の量について，2枚の図に表現し，二つの状態を比較し考え，「陸がないと死んでしまう」というカエルの特徴に気付いた。さらに「大きくなると陸にのぼることがよく分かるためには，どうしたらいい」という言葉かけにより，カエルのペープサートを作成し，絵の上で動かす表現方法を選択した。発表会本番では，1年生の表情や反応から正確に伝わっていないと考え，実際に水槽の前で他のすみかと比べながら説明するといった，より相手に伝わる表現方法へと変えていったことで，陸を一般化して捉えることができていた。このことは，この後の学習において，「季節とともに生き物は成長し生活する場所を変えていく」といった季節の変化への気付きにつながっていった。

　その相手に教えてあげたいという思いから一番伝えたいことを決め，決まった内容や形でなく双方向のやりとりの中で工夫して伝える活動を通して，改めて確かめたり表現を考え直したりして，思考や表現が一体的に行われたり繰り返されたりすることが大切である。また，「相手に伝わった」という手応え感や自信は，新たな活動に挑戦しようとする姿を生み出し「自分はさらに成長していける」という期待や意欲を高めることにつながっていく。

第6節 「内容(6)自然や物を使った遊び」を中心とした事例

第6節
「内容(6)自然や物を使った遊び」
を中心とした事例

1 単元構成のアイデア

(1) 児童の実態と興味関心

　風が吹いて帽子が飛ばされる，机の上のプリントが風に飛ばされる，レジ袋が風に飛ばされ，それを追いかけて遊ぶ。このようなことは，児童の日常生活の中によくあることであり，「風のせいだ」ということは，どの児童も理解しているのではないかと思われる。1年生の図画工作科の授業で，色紙等を切ったりつなげたりして長い飾りを作って教室に飾っておくと，飾りが風で揺れたり回ったりする場面に出会う。「きれいだね」「風が来たからだね」という児童のつぶやきが聞こえてくる。

　風は，児童の生活と関わりのある身近な自然である。そこで，風を探して遊んだり，風について考えたりする経験を単元として構成できないかと考えた。

(2) 「風をさがして遊ぼう」がもつ可能性としての価値

　まず，「風をさがしてあそぼう」の学習活動として，どのような具体的な活動が想定できるのかを考えてみた。風車や凧など風で遊ぶおもちゃはいくつかある。しかし，ここでは，作る段階で教師の細かな説明や技術的な手助けが必要なおもちゃ作りを活動に組み込むことは避け，1年生の児童が自分の発想や力で「風を探すこと」を楽しみ，探すこと自体が児童の遊びになっていく活動にしたいと考えた。

　児童が風を探す方法を考え，風探しに使う道具を作る。校内のいろ

147

いろな場所に行って風を探す。風を探す中で，風の強さや風の向き，風のある場所とない場所，風の様子がいつも同じではないことなど，たくさんのことを発見する。また，風を探す活動の中には，予想する，比較する，工夫する，関連付けるなど，児童が考えを巡らせながら気付きを広げたり深めたりする場面も多々生まれてくるであろうと予想した。また，最終的には，風という自然の面白さや不思議さ，自分でたくさんのことを発見したという自信や満足感なども十分に味わうことのできる活動になるのではないかと考えた。

2 単元計画の実際

① **単元名** 「風をさがしてあそぼう」（第1学年）
② **ねらい** 風を探したり，風で遊んだりする中で，風の様々な秘密や自然の不思議さに気付き，風と関わることの楽しさを味わいながら遊びを創り出す。
③ **単元構想** （全11時間うち図画工作科3時間）

次	小単元	時間	主な学習活動
1	風を探す方法を考えよう	2	・風で遊んだ経験や風について知っていることを紹介し合う。 ・風を探す方法を考え，必要な物を準備して作る。
2	風を探しに行こう	2	・自分の風調査器をもって，風を探しに行く。 ・友達と情報交換しながら，風がよく吹く場所を探したり，風について発見したことを伝え合う。
3	風で回るおもちゃを作ろう	3 (図画工作科)	・風でまわるおもちゃを作る。 ・回るときの色の変化や美しさを楽しんだり，確かめたりしながら作る。
4	風を探して遊ぼう	3	・風調査器やおもちゃを使って繰り返し，風を探したり遊んだりする。 ・遊んで見付けた風の秘密を伝え合う。
5	楽しかったことや学んだことをま	1	・風を探して遊ぶ活動の中で見付けたことや思ったことを振り返り，学んだことやできたことを確認する。

148

第6節 「内容(6)自然や物を使った遊び」を中心とした事例

| | とめよう | | |

3　小単元「風をさがして遊ぼう」の学習指導案

①　目標
○風調査器やおもちゃを使って風を探して楽しく遊ぶ。

○見付けた風の秘密を伝え合う。

②　活動場所　風の広場，風のトンネル

③　準備物

（児童）　風調査器，図画工作科で作ったおもちゃ

（教師）　紙類，紙テープ，タフロープ，紙コップ，紙皿，割り箸，団扇，セロテープ，教師が作ったおもちゃ<こいのぼりロケット，クルクルリボンなど>

④　展開

学習活動	子供の意識の流れ	支援
1　めあてを確認する。	**風を探して遊ぼう** ・風調査器の紙テープの長さを変えてみようかな。 ・図画工作科で作った風輪で競争したいな。 ・クルクルたこで，もっと風を探したいな。	・してみたいことを出し合う中で，活動への期待感を高める。 ・活動時間，活動場所などについて確認する。
2　風を探して楽しく遊ぶ。	・前の時間は，階段の上の風が強かったよ。今日も同じか確かめよう。 ・ぼくの調査器は，みんなのと比べると紙テープがふわふわ上がらないよ。 ・風が来ると紙コップだけでも転がるよ。 ・ここだと風輪が転がって競争できるよ。 ・同じ方向に転がるね。 ・見て。こいのぼりロケットが逆戻り	・一人一人の気付きや考えを見取り，活動が発展するように支援する。 ・活動が停滞している児童には，してみたいことが見付かるように教師が声を掛けて一緒に遊んでみる。 ・気付きや疑問を伝え合いながら活動することの大切さを伝え，友達と関わりながら活動できるように支援する。

149

		してくるよ。どうしてかな。 ・ぼくは，クルクルリボンを作ってみよう。大きいのと小さいのと作って比べてみるよ。 ・折り紙が体にくっついて下に落ちないよ。不思議だな。 ・他の紙でも試そう。	・その場で思い付いたことにも取り組むことができるように材料の準備と作る場所の設定をしておく。
3	気付いたことや思ったことを伝え合う。	発見したことをみんなに伝えたいな ・やっぱり，高い所がよく風が吹いていたよ。 ・風の向きはいつも同じなのかな。 ・おもちゃの回り方で風の強さが分かったよ。 もっと風を探して遊びたいな	・個々の気付きを出し合うことで，互いの気付きを確かめ合ったり，関連付けて考えたり次にしてみたいことを見付けたりできるように支援する。

4 学習指導場面の実際

(1) ねらいから活動がそれていく児童

　授業前に予想していたとおり，風輪で風を探す活動が，階段から転がしてどこまで転がるかを楽しんだり，手で押して風輪の競争を始めたりする児童がいた。手で風輪を押して競争していた児童は，周囲の友達に「手で押すのは，風の力じゃないよ」と言われ，風輪が動き出すまでじっと待ってみたり，風輪が動き出す場所を探して遊んだりするようになった。階段で転がしている児童については，自分達で気付くことを願い，しばらく見守ったが，課題意識が大きくずれていく様子が見られたので，「何の力で転がっているのかな」と教師から声を掛け，本時のめあてを再度確認できるよう支援した。

(2) 予想どおりにならないと悩む児童

　友達の紙テープやタフロープが風になびいているのに，自分のテープは，あまり上がらない。風はあるのにと悩んでいた。そこで，紙テープがよく上がっている児童に相談してみるとよいことを助言した。紙テープの途中にモールなどの飾りを付けていることが原因では

ないかと友達に教えてもらった児童は，飾りを一つずつはずしながらテープの上がり方を確かめた。「重いから上がりにくかったんだね」と納得し，場所を変えながら再度風探しを楽しんだ。

(3)　仮説をもちながら風と関わる児童

ほとんどの児童は，風から意識が外れることなく，活動を楽しんだ。高い場所の方が風があると考えてジャンプしてクルクルリボンを飛ばす児童，大きさの異なるクルクルリボンを同時に飛ばして飛び方を調べる児童，こいのぼりロケットが逆に戻ってきたことからいろいろな方向に飛ばしてみて飛び方を調べる児童，新聞紙や折り紙などが自分の体にひっついて落ちなかったことから落ちる向きと落ちない向きがあることを調べる児童。それぞれが考えながら活動し，発見したことを近くにいる友達や教師に伝えた。教師は，活動に対する意味付けを積極的に行った。

5　子供の育ち

教師が予想した以上に，児童は風を探す活動を楽しんだ。本単元の児童の姿から確認できたことは次のようなことである。

- ・自分の力で工夫しながら，風探しの道具を作った。
- ・いろいろな方法で風探しを行い，予想したり比べたりする活動が自然に生まれた（場所を変える，同じ場所でも高さを変える，調べる道具を変える，おもちゃの大きさを変えるなど）。
- ・友達と進んで関わり，気付きを伝え合いながら仲良く活動した。
- ・風に対する気付きがたくさん生まれた。

＜生まれた気付き＞
・風は，すごい　・風にはいろいろな力がある　・物を飛ばす力がある　・物を動かす力がある　・くっつける力がある　・風の向きや強さが場所によって違う　・高い所は，風がよく吹いている　・風がある日とない日がある　・おもちゃの動きは，風の強さや向きと関係がある　・いろいろな方法で風を探せる　・風でも遊べる　　　　　　　　　　　　　　　　　　　　　　　　　　　など

＜学習後のＳ児の感想＞
　風探しは，遊びみたいで楽しかった。今まで風のことを考えたことがなかったけど，風で遊んでから考えるようになった。みんなといっぱい発見もした。だから勉強になるなと思った。

　たっぷりと風に関わり，風に対する見方や考え方を変容させていく子供の姿を確認することができた。

風調査器

クルクルリボン

クルクルたこ

こいのぼりひこうき

風輪

第7節 「内容⑺動植物の飼育・栽培」（動物）を中心とした事例

1 「内容⑺動植物の飼育・栽培」（動物・生き物）単元の構想

　飼育活動は，途中で活動が単調になり，子供の意欲が減退してしまうことも多い。そこで，主体的・対話的で深い学びにしていくために，以下の三つのポイントをあげる。

ポイント 何を飼育するのかを児童とともに考え選定する

　児童が，興味関心をもち続けながら飼うことができ，自分たちで世話の大体を行えるもの。生命を実感できるようなもの。そして，児童の夢が広がり多様な活動が生まれるもの。

　飼育活動を行う前に，何を飼育するかを考えることは，重要なポイントである。飼育できる環境や条件を考え，教師が設定することもあるが，主体的に児童が飼育に関わるためには，条件を提示しつつ，何を飼育したいのか，何が飼育できそうなのかを児童とともに考え十分話し合って選定したい。その際に，今までにどんな生き物を飼育したことがあるのか，誰と飼育したのか，入学前はどんな経験があるのか，など飼育経験を尋ね，選定に生かすことも重要である。

ポイント 人との関わりを広げる

　飼育する前に生き物の飼い方について家の人や上級生に尋ねる。飼育の途中で気付いたことを友達に伝える。生き物の様子や飼育の仕方について下級生に伝える。このように身近な人と関わりながら活動を進められるようにすることにより児童は，飼育への意欲を持続させながら「もっと仲良く触れ合いたい」「いつまでも元気にいてほしい」

153

など一層飼育活動への関心を高めながら、ささやかな変化や成長の様子にも注意を払って世話をしようとする。さらにモルモットなど飼育に関する知識が必要な場合は、地域や近隣の獣医師に事前に相談に乗ってもらったり、児童向けに「動物ふれあい教室」の実施をお願いしたりする。生き物との関わりは、身近な家族や学校の人以外にも、地域の人へと、関わりを広げるきっかけとなることが期待される。

ポイント 生活科の活動を中心に学校生活を設計する

　第2章第2節7でも触れたが、生活科の活動を中心に1日の学校生活を設計することは、飼育への意欲を高め、活動を充実させる。飼育の初めは、世話の仕方を生活科の時間に学ぶことが重要だが、次第に休み時間などを使った常時活動の時間へと移行するようにしたい。そのために、教室の中で飼育する、ケージなどを一人一人に用意し飼育する、「生き物お知らせ掲示板」のような情報交流のコーナーを準備する、朝や帰りの会で生き物の様子を伝える時間を設定するなど、生き物と触れ合う機会を1日のうちに多く設定することが大切である。

　また、生活科の学習成果を他教科の学習に生かすことも考えられる。例えば、生き物に触れ、その様子やその動きを観察した経験が、身近な題材の特徴を捉え、そのものになりきって全身の動きで楽しく踊るといった体育の表現遊びのきっかけになることも考えられる。生き物を飼育する中で、愛着が生まれ自分と同じように名前を付けたいと考えたとき、『生き物に名前をつけよう』を議題とした話合い活動を学級活動として取り上げることもできる。逆に、他教科の学習を生活科の学習に関連付けることも考えられる。例えば図画工作科の学習を通して上手に扱えるようになったクレヨンやパス、粘土などを使い、飼育している生き物の特徴などを表し、発表したり展示したりす

る活動に生かすこともできる。

　1日の活動のみならず，他教科等の学習と生活科の学習との関連を図り，相互の学習成果を高めるように計画することは重要である。

2　「こんにちは！　モルモット」（第1学年）の単元の展開例

(1)　単元の目標

　モルモットの飼育を通して生き物に親しみをもち，その成長の様子や特徴，住みやすい環境づくりなどに関心を深めながら世話を続けるとともに，モルモットが自分たちと同じように生命をもっていることに気付き，大切にすることができる。

(2)　単元の流れ（全10時間）

児童の活動　（　）は時数	教師の関わり方
①　学校生き物探検に出発！(1) ・校内で生き物を飼育している学級に行き，見たり話を聞いたりし，小動物飼育への関心をもつ。	事前に，小動物や昆虫，水生生物などを飼育している学級を調べ担任や児童に『生き物探検』についてのお願いをしておく。
②　飼ってみたいね，モルモット(3) ・何を飼育したいのか，何が飼育できそうか話し合う。 ・モルモット飼育に向け，図鑑や絵本などで調べたり，家の人や上級生に尋ねたりし，分かったことをまとめる。	飼育する動物について自分たちの力で調べるのは大切なことである。特に哺乳類に関してはある程度事前に知識を得ておくことは動物の生命を守る上で必要である。しかし，1年生であるということを踏まえ，教室に関連する図鑑や図書を置いたり，教師が調べたことを絵や簡単な文で掲示したりすることも工夫する。
③　おしえて！モルモット(2) ・モルモットやその飼育の仕方について，獣医さんや上級生から話を聞く。	実際に飼育する前に，専門家との連携を図り，成長の様子や飼育方法，動物の特性などについて話を聞いたり，実際に触れさせてもらったりする。飼育経験のある上級生からは，餌やり，小屋の掃除の仕方など実際に飼育に必要なことを教えてもらう。その中でどんな思いや愛情をもって飼育活動を行ってきたのかを感じ取ることができるようにする。
④　こんにちは！モルモット(2)	期待を抱き，待ち続けたモルモットに初

・モルモットを実際に見たり触れたりして，気付いたことや分かったこと，これからしたいことなどを伝え合う。 ※この後の世話は常時活動へ	めて触れる時間である。出合いを大切にし，子供同士の気付きの交流を促すようにする。また常時活動に入る前には，教師が実際にやってみせたり，共に世話を行ったりする。
⑤　もっとなかよしになろうね(2) ・モルモットの飼育をする中で，気付いたことや知ったこと伝え合ったりカードに書いて掲示したりし，よりよい世話の仕方を考える。	すぐに行わず飼育活動に慣れてから行ってもよい。飼育に当たって調べたことや出合ったときに書いたカード，毎日の世話の中で気付いたことの「モルモット日記」など，活動を振り返るための材料を用意する。

(3) 学習場面の例と指導のポイント

【飼ってみたいね，モルモット】※短冊カードの活用

　ひらがなも全てはまだ習っていない6月の1年生。読むのもおぼつかない児童も多い。でも，図書室や図書館で借りた絵本や図鑑を持ってきて，一文字ずつ指で辿りながら読んだ。家族に頼み，家でインターネットの動物飼育のサイトを調べてきたり，兄姉からも情報を得てきたりした。児童が調べた情報は，短冊型のカードに書いて（文字が書けない場合は担任が聞き取って書いて）まとめ，教室に掲示した。

○もるもっとはこわがり。ぎゅっとつかんではだめ。
○たべものはふーど。やさい。みず。あたらしいものをあげる。
○おおきなおとはきらい。
○うんちをたくさんするからそうじはまいにち。

【こんにちは！モルモット】※出合いの場の工夫

　性質が臆病なモルモットは環境が変わったことに気付き，おびえて小屋から出てこない。少しかわいそうではあったが，教室の床に児童が座って輪を作り，その真ん中に出すことにし，皆で静かにながめ

た。

> ○あたたかいよ。つめものびてたよ。みみがぴくぴくしていたよ。しっぽはないよ。てをつかわないでかいてたよ。ふかふかしていたよ。たべるときさくさくいってたよ。
> ○つばさくんはおおごえがにがてです。はじめてあったのでつばさくんはきんちょうしています。

3 「なかよくなろうね！ 小さな友だち」（第2学年）の単元の展開例

(1) 単元の目標

昆虫など身近にいる小さな生き物の飼育活動を通じて，生き物の生活や成長の様子，住みやすい環境づくり，自分たちと同じように生命をもっていることなどに関心をもち，大切にすることができる。

(2) 単元の流れ（全12時間）

児童の活動 （ ）は時数	教師の関わり方
① こんにちは，小さな友だち(4) ・公園に行き，生き物探しを行う。 ・校庭のどこにどんな生き物がいそうか，予測したり，経験したりしたことを話し合い，見付けに行く。	・事前に校庭や公園などで，生き物や採集できる場所について調べておく。また，公園では生き物（昆虫など）を採集する許可を得ておく。 ・児童の予想とともに，校庭の生き物探しの後は，どこ（どんな条件）に，どんな生き物がいたかを整理し，マップなどにまとめ，飼育への興味が高まるように掲示しておく。
② 飼ってみたいね(3) ・生きものをよく見たり，その特徴や育てる方法などを調べたりして，世話をする。	・昆虫については抵抗感のある児童もいるので，ビニール袋やかごや水槽などを用意し，初めは直接触れずに様子を見られるようにする。 ・飼育活動に役立つ図鑑や絵本を教室などに準備し，自分の生きものの習性や飼育の仕方について色々な本で調べることができるようにする。
③ なかよくなろうね！むしむし大すき	・飼育活動で気付いたことを書いて伝え

大さくせん(5) ・「ぼくのわたしの小さな友だち○○」について友達と交流するための準備をする。 ・飼育をしている生き物について友達と交流する。 ・学習を振り返る。	られるようなミニカードを準備し，飼育する場所のそばに情報掲示板を設け，常時の飼育活動や友達との交流につなげる。 ・飼育活動のまとめ方は，発表会のほか，図鑑や絵本などを作ることなどもあること，伝える対象も友達・1年生・保護者など様々でよいことを必要に応じ伝える。 ・道徳のD［生命の尊さ］［自然愛護］や国語の説明文の学習との関連を図り，飼育への意欲付けや，様子と理由を関連させた説明の仕方などの活用を促す。 ・飼育している生き物は異なっていても，成長することや生命がある事などの共通項にも気付くようにする。 ・飼育活動で自分が成長したことや，自分の関わりに気付くようにする。

（3） 学習場面の例と指導のポイント

【飼ってみたいね】

※ウェビングマップにまとめる

飼育を始めるにあたって，一番飼いたい生き物を中心に調べた。図鑑等の多様な情報をノートに書く中で，情報が多すぎると分かりにくいと気付いて箇条書きの短文やウェビングマップでまとめる児童が増えてきた。

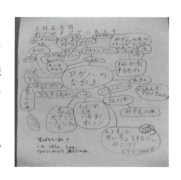

【なかよくなろうね！むしむし大すき大さくせん】

※グループでの思考ツールの活用

ヤモリについて発表したいグループは，それぞれで伝えたいことを付箋に書いた後，話し合いながら内容を分類したり，決めた視点を基に意見を出したりし，記録係の子供が書いていた。Xチャートシートを使い，最終的に発表会で伝える内容は，「えさ」「作るもの（すみか）」「飼い方・育て方」「よくやること（習性など）」の四つの視点に

基づいて行うことにしていた。伝え方を考える折にも、「餌のことは特に大事だから、クイズを作って発表しよう」など、Xチャート図を見ながら話し合い、準備を進めていた。

第3章　事例：学習指導要領が目指す新しい生活科の授業

第8節
「内容(7)動植物の飼育・栽培」（植物）
を中心とした事例

1　単元「おいしいやさいをそだてよう」（第2学年）の構想

本単元に関わる内容(7)は次のとおりである。

> (7)　動物を飼ったり植物を育てたりする活動を通して，それらの育つ場所，変化や成長の様子に関心をもって働きかけることができ，それらは生命をもっていることや成長していることに気付くとともに，生き物への親しみをもち，大切にしようとする。

　植物を栽培する単元は，内容の(7)が中心になるものの他の内容とも組み合わせることができる。例えば，植物の成長は季節と関わりが深いことから，内容(5)「季節の変化と生活」と関連付けることもできよう。

　また，単元の中で地域のお年寄り（「畑の先生」）との交流を仕組む場合には，内容(8)「生活や出来事の伝え合い」を効果的に組み合わせることで，栽培活動が充実したり，栽培活動が伝え合う活動の動機付けになったりすることも考えられる。さらには，長期の栽培活動になることから，小さな種や苗からたくさんの収穫を得られるまでに野菜に根気強く関わった自分の成長にも気付くことが想定されるので，内容(9)の関連もぜひ図っていきたい単元である。

160

2 児童や学校，地域の実態に応じた単元の展開例

　本展開例は，岐阜県山県市立伊自良南小学校２年生（20名）単学級
での平成29（2017）年度の実践事例を基にしている。本校では，校内
に学級園としての畑があり，１人１苗を植えても余りあるほど十分な
土地に恵まれている。また，地域には田畑が広がり，三世代同居家庭
も多く，地元のお年寄りは家庭菜園を楽しむ方が多い。

　そんな恵まれた環境にはあるが，「野菜」を自分だけで育てた経験
のある子はほとんどいない実態であった（幼稚園・保育園では，保育
者とともにジャガイモの水やりなどはしていたと聞いている）。

　そこで，単元に地元のお年寄りとの交流を位置付け，長期にわたる
野菜作りにおいて，解決しなくてはならない課題を見付けては「畑の
先生」に話を聞き，自分たちなりの解決方法を見付けていくようにし
た。およそ次のような単元構想である。

---

　(1)　育てたいやさいをきめよう

　(2)　やさいを育てるけいかくをきめよう（単元名を決める）

　(3)　畑の先生にやさいのそだてかたを聞こう

　(4)　なえをうえよう・たねをまこう

　(5)　おせわをしよう

　(6)　かんさつをしよう①・②・③

　(7)　こまったことをかいけつしよう①・②

　(8)　やさいパーティーをひらこう

3　学習場面の例と学習指導のポイント

　長期（本事例では，5月初旬から9月中旬まで）にわたる栽培活動では，「おいしい野菜になるように，がんばって育てたい！」という強い願いをもったり，「葉っぱがしおれているよ。どうしたらいいんだろう」と困難にたくましく立ち向かったりしながら，生き物に親しみをもち，大切にしていく児童の姿を目指していきたい。そのためには，強い動機付けと課題意識の連続が重要である。そこで，前ページの単元構想における(3)と(7)の実際から学習指導のポイントを示す。

(1)　苗植えの場面から

　まず，「今日は何をするんだった？」と聞くと，「苗を植える！」と子供たち。そこで，これまでに立てた見通しの中から，本時は苗を植えることを確認した。「じゃあ，どんなめあてにするの？」と聞くと，「やさしく心をこめて苗を植えよう」とすんなり決まる（**ポイント①**

見通しとめあてを子供のつぶやきからつくり，意欲を高める）。そこで，さっそく畑に行って，自分の決めた苗と対面する。「なすは，茎がむらさきだからこれ」とみごとに言い当てて選んでいく。次に畑の先生から，苗の植え方を聞いて，さっそく苗植えが始まる。ほとんどの子がカップの苗を植えた経験はないが，畑の先生から「2本の指で茎をはさんでひっくり返すと土をこぼさないで植えられるよ」と聞いてほっとする。そばについて見守りながら，無事，全員の苗を植え終わる（**ポイント②** 畑の先生との打ち合わせで支援の在り方を明確にする）。

第8節 「内容(7)動植物の飼育・栽培」(植物)を中心とした事例

　最後に、子供たちが今、気になっていることを質問した。すると「水やりはいつしたらいいですか？」と声が上がった。子供たちの中では、アサガオ栽培の経験から、「朝、夕方の2回」という声が聞かれたが、畑の先生の「野菜の様子を見て、あげるかあげないかを決めます」の答えに、子供たちは衝撃を受けた（**ポイント**③分からないことを出し合ってみんなで解決していく学級の雰囲気を大切にする）。すると「毎日見に行かない

かん」「野菜さんと相談しないかん」「だったら名前をつけよう」ということになった。畑の先生にお礼を言い、お別れをした後、教室にもどると、子供たちから、「名前を決めたい」「誕生日を決めたい」と声が上がったので、「今日からみんなは、野菜さんたちのお父さん、お母さんになるんだね。今日、やってあげたことをカードに書いてあげよう！」ということになり、どの子も自分の野菜に声を掛けるようにカードを書いていった（**ポイント**④体験を表現することで、気付きを自覚し、次への活動の意欲をもてるようにする）。

マカロンちゃん。今、わたしはなえうえをしたよ。水やりもしたよ。こころをこめてそだてたよ。いっしょうけんめい土をほったよ。
これから水やりもするし、やさしくこころをこめてそだてるよ。わたしはマカロンちゃんが大すきだよ。うれしいことやたのしいことをいっぱいはなすね。
たんじょうびは、4月2日。わたしといっしょだよ。

　　　　　　　　　　　　　　　　　　　（児童のカードより）

　次の日、子供たちに聞いてみると、全員、畑に行って、野菜たちに

163

「話」をしてきたそうである。実際に畑に行ってみると，どの苗にもちゃんと水やりがしてあった。「畑の先生」から聞いた水やりのこつから，子供たちの活動がどんどん広がっていった。この後，野菜たちと「話」をしていくと，「おもしろい発見」や「困ったこと」が出てくると分かった子供たち。子供たちの気付きが次の新たな活動へとつながっていく学習になっていったのである。

(2) こまったことをかいけつしよう②の場面から

2年生の生活科では，6月から，生き物単元と同時進行で本単元に取り組むことになったため，生き物の世話に熱中し，野菜の世話を忘れがちになってきた。また，雨天が続いたので，「水やり」という世話をしなくてもすんでいたことも一因となり，畑ではすっかり，穫れ頃を逸してしまった「巨大な」野菜が，ぶら下がっているという状況になっていた。しかし，なかには，生き物と野菜の世話を同時進行で，みごとにやり遂げている子もいた。畑の先生とともに朝から毎日，収穫できるかどうか見に行っていた子たちである。

そこで，ここは，この子たちのがんばりをとりあげながら，畑の先生からの言葉を伝えて，もう一度，夏休み前に野菜を育てる意識を確かなものにしていく授業をしなくては……と考えた（**ポイント**⑤自分たちの活動について立ち止まって考える単位時間の設定をする）。

まず，大きくなりすぎたものとちょうど穫れ頃のものとを並べて見せ，どちらがいいのかな？と子供たちに聞いてみた。すると，世話を続けている子たちから「こんなに大きくなると，かたいよ」「大きくなりすぎるとお母さんがおいしくないって言ってた」「これくらいの方がやわらかくておいしいよ」と次々と意見が出た（**ポイント**⑥グループでの交流を設定し，野菜についての各自の思いが出るようにする）。さらに，畑の先生が毎朝，

第8節 「内容(7)動植物の飼育・栽培」（植物）を中心とした事例

野菜の葉っぱを少しずつ刈り取っていることも紹介した。すると，今まで大事に育ててきたはっぱなのになぜ切ってしまうのかな？という問いが生まれる。そこで，毎日畑に来ている子たちにそのわけを聞いてみた。「はっぱを取るのは，

多すぎると，実がなっているか気付かないから，って畑の先生さんが言っていました」「毎朝，おはようって野菜さんに声をかけて，実がなっている？って聞かないといけない」と伝えてくれた（**ポイント⑦**子供たちの思考に揺さぶりをかける発問をし，さらに深く考える場をつくる）。すると，あちこちで，「あ，そうか。前は，水やりで毎朝話しかけていたけど，大きくなったから，実がなっているか見に行かないとおいしいときが分からないんだ」というつぶやきが聞かれた（**ポイント⑧**新たな視点での野菜の世話の在り方を相談して決める）。そうして，「次の朝から，毎日，畑を見に行こう！」ということになり，実際に，翌日，全員が自分の野菜をちゃんと見に行くことができた。

　その後，夏休みを目前にして，野菜をこれからどうするか，の授業を仕組んだ。すると，子供たちから，「観察がしたい！」「畑の先生にお礼がしたい！」という声が上がった。さっそく，探検バッグを片手に，勇んで畑に行って，つぼみ，花，実の数を数えた子供たちは，「あと15こは穫れそう」「これくらいなら，明日は穫れ頃！」と言いながら，言葉と絵で特に前と変わったところを詳しく観察することができた（**ポイント⑨**これまでの観察を基にして，収穫の時期を予想することで，観察の視点を明らかにする）。

　また，畑の先生に手紙を書く時間では，「どんなことを書きたいの？」と聞くと，次々に「苗の植え方を教えてくれた」「困ったときにいろいろ教えてくれた」等が出てきた。子供たちは出来事や関わりを本当によく覚えている。それらの発言の板書とこれまでに書き溜め

165

第3章　事例：学習指導要領が目指す新しい生活科の授業

ていたカードを基に，一人一人がお礼の手紙を書いた。どの子も，一
生懸命書ききることができた（**ポイント⑩**相手意識を明確にした書く
活動によって，自分を振り返ることができるようにする）。

　なえをうえようとしたとき，畑の先生さんが「くきをはさん
でカップをさかさまにするんだよ」と言ってくれたので，うれ
しかったです。水やりを毎日やるおせわのしかたをおぼえまし
た。こまったことがもうなくなってきました。これからもやさ
いをそだてていきます。いままでありがとうございました。

〈児童のカードより〉

第9節 「内容(8)生活や出来事の伝え合い」を中心とした事例

第9節
「内容(8)生活や出来事の伝え合い」を中心とした事例

1 「内容(8)生活や出来事の伝え合い」単元の構想

　伝え合い交流する活動は，児童が主体的に伝えたいという意欲をもてないと，形式的になったり，意欲が減退してしまったりする。また，やり取りの楽しさにつながるように，伝え合う相手の設定も工夫する必要がある。そこで，主体的・対話的で深い学びにしていくために，以下の三つのポイントをあげる。

ポイント 充実した体験活動を行う

　「伝え合う活動」を行うためには，伝えたいという思いや願いが児童の心の中で深まっていくよう，活動や体験を充実させることが重要である。そのため，本内容は，他の全ての内容との関連を図り，単元を構成していくことが考えられる。

　学校探検を繰り返し，学校の施設やそこにいる様々な人との関わりから学校生活への自信を得た児童は，「学校のことを家の人に教えたい」「学校のことを一番よく知っている校長先生に伝えたい」と望むであろう。そのあとには，自分たちが発見した学校のことに関して，つたなくても伝えたいことを一生懸命まとめるであろう。

　動く仕組みに苦労しながらおもちゃを作った児童は，自分で楽しんだ後は，友達と，クラスの皆と遊びたいと願うであろうし，さらには家の人と，幼児と楽しむ「おもちゃ大会」を通して，自分のおもちゃの楽しさや工夫を伝え，ともに遊びたいと願うであろう。

　充実した体験や活動があれば，児童はそれを人に伝えたいという強

167

い願いをもち，「だれに」「どのように」伝えるのか，相手のことを思い浮かべ，伝えたいことが伝わるのかを考えながら，伝える内容や方法を決め，準備を進めることができる。

　単元を構想する際に，他の内容での充実した体験や活動と組み合わせ，互いの内容を補完し，充実させていくことが大切である。

ポイント　伝え合う目的，相手を児童と共有する

　伝えていれば，あるいは発表していれば，対話的な学びになるのではない。伝える相手と相互に交渉し，互いに影響を与え合うことによって伝え方も洗練され，内容も深まっていく。伝え合う活動が児童一人一人にも，集団にも価値あるものとなるためには，第2章第2節8で示したとおり，目的意識や相手意識を児童が明確にもつことが必要である。そのためには，児童の「○○さんに伝えたい」「○○さんと交流したい」という思いや願いを大切にし，単元の中でその思いや願いが一層膨らみ焦点化するよう心掛けながら，活動の途中に行うのか，次の活動への展開を期待して行うのか，まとめとして行うのか，どんなタイミングで「伝え合う活動」を組み込むと効果的なのかを考え，計画的に行うことが重要である。また，形式的な発表会にとどまらず，何度も発表を繰り返すことができたり，相手とのやり取りを十分楽しめたりするポスターセッションやブースを設けての発表など，形式を工夫することも忘れてはならない。

ポイント　伝え合う活動の成果を長い目で見る

　主体的・対話的で深い学びの実現のためには，思いや願いを実現させる体験活動を充実させるだけでなく，表現活動を工夫し，体験と表現が豊かに行き来し，相互に作用するようにしなければならない。また，こうした学習活動を単元のみならず，年間，さらには2年間を見通した授業で積み重ね，児童に資質・能力が総合的に育成されていくようにしなければならない。このように長いスパンで見ていくのは，生活科の特質でもある。「伝え合う活動」は，コミュニケーションの

力を育てるためであることも念頭に置き，長い目で見てその成果を明確にすることも重要である。児童が楽しさや充実感を実感できる発表会などのあとには，それを振り返る活動を設定し，「伝え合う活動」を通して得られた気付きを一人一人が確かめることも設定したい。

2 「みんなであそぼうよ！ あき」（第１学年）の単元の展開例
～「内容(8)生活や出来事の伝え合い」と「内容(5)季節の変化と生活」と「内容(6)自然や物を使った遊び」を関連させた単元～

(1) 単元の目標

校庭や地域の公園など身近な場所で季節の変化を感じ取り，秋に関わるものを探したり，秋の実りを使って飾るものや遊びに使うものを楽しく作ったり，工夫して遊んだりするとともに，その楽しさや工夫を友達や幼児に伝え，交流する。

(2) 単元の流れ（全21時間）

児童の活動 （ ）は時数	教師の関わり方
① 秋を探そう！(3) ・校庭の変化を感じ取り，校庭を歩き，今は夏なのか秋なのか考える。 ・公園で季節の変化を感じたり，秋探しや秋の実りを集めたりする。 ・見付けたものや気付いたこと，したことなどを友達と交流する。	・いろいろな種類のどんぐりを箱に入れておいたり，図書を用意したりし，秋を探す活動への意欲を促す。 ・事前に近隣の幼稚園に声を掛け，遊ぶ時間や場所を共通理解し，公園でのともに遊び，自然な交流ができるようにする。
② 楽しいね！秋(2) ・どんぐりやまつぼっくりなど，集めた秋の自然物を見たり，遊んだりする。 ・集めた秋の自然物を使ってこれからしたいことを話し合う。	・自然の素材自体を楽しむ活動を設定し，集めた秋の自然物の面白さやそれらで遊べることに気付かせる。 ・製作への意欲付けとなるように秋の実りを使って試作し，掲示する。 ・似たものを作っている児童に声を掛け，1人→数人→グループと人数を増やしながら，それぞれの思いを生かして楽しめるように配慮する。
③ みんなで遊ぼう！秋(7) ・秋の実りを使って飾るものや遊ぶものを作ったり，遊んだりする。 ・友達に秋の楽しさを伝える「秋のお店」（仮）を開く準備をする。	・製作の際に「みんなで楽しむ」「秋が感じられるようにする」等の視点に立ち戻り考えられるよう，共通のめあてをたて，毎時間の進め方や振り返りに活用する。

169

・作ったものを使い,「秋のお店」を開き, 友達と楽しく交流する。	・みんなで遊ぶための会の名前も, 児童と話し合って決める。
④　もっと遊ぼう！秋(6) ・近隣の幼稚園・保育所の幼児と一緒に遊べるように飾るものや遊ぶものを増やしたりルールを変更したりする。 ・幼児を招待して「秋のお店パート２」(仮)を開き, 一緒に遊ぶ。	・公園で一緒に仲良く遊んだ思い出や幼稚園の先生のお話を伝え, 会を開いて幼児と交流したいという, 意欲を高める。 ・幼児が安全に楽しめるよう遊び道具ややり方を修正するための活動の時間を設定する。
⑤　楽しかったね, 秋(3) ・再度公園に行き, 前回と比べ, 秋の深まりを感じる ・活動を振り返る。	・活動の折々に写真をとっておき, それを見ながら, みんなで設定した単元のめあてや自分自身の成長を振り返るように活用する。

(3)　学習場面の例と指導のポイント

【公園に行って, 秋を探そう！】※幼児との自然な交流活動

　最終の幼児との交流活動を見据え, 単元の初めに公園に行き秋を探す際に, 幼児と一緒に公園で遊ぶような計画を立てると効果的である。自由に秋の公園で遊んだ楽しさが,「あの時の年長さんを招待して秋のお祭りをしたい」「この遊びの面白さを伝えたい」という交流活動への思いにつながることが期待できる。

【楽しかったね！秋】※活動後の振り返り

　幼児との交流活動後は, それだけにとどめず, 振り返り活動を十分行う。交流のよさの実感や意欲, 単元全体を通しての自分の変容などに気付くようにする。

第9節 「内容(8)生活や出来事の伝え合い」を中心とした事例

ようちえんのときは，「いっしょにあそぼう」っていうゆうきが
なかったけれど１年生になったらできた。しぜんとたのしくあ
そべるようになった。あきがとくべつなんだなということがか
んじられるようになった。

※ノートに書いた振り返りより

---

3 「この町大好き！ 大発見」（第２学年）の単元の展開例
～「内容(8)生活や出来事の伝え合い」と「内容(3)地域と生活」を関連させた単元～

(1) 単元の目標

　地域を探検したり，地域の人々と触れ合ったりお手伝いをしたりして，自分たちの住む町への関心を深めるとともに，探検活動を通して分かったことや考えたことなどを工夫して表し，友達や地域の人などに伝える活動を通して，町のよさに気付き，愛着をもつ。

(2) 単元の流れ（全25時間）

児童の活動　（　）は時数	教師の関わり方
① どんな探検にしようかな(3) ・１学期の町探検を思い出し，２学期の町探検活動ではどんなことをしたいのかを考える。 ・もっと仲良くなりたい人（次の探検先）を決める。	・１学期の探検活動を振り返り，「町の人ともっと仲良くなりたい」という思いをもてるように，前回の資料やノートを掲示する。 ・児童が行きたいところを把握するとともに，地域のお店・公共施設等に依頼し，協力していただく方のメッセージや写真を準備しておく。
② インタビュー探検に行こう(6) ・お話を聞いたり，仕事を見せていただいたりするための準備をする。 ・インタビュー探検に行く。 ・見付けたり分かったりしたことをノート等に書き，次の探検の計画を立てる。	・安全な歩行，町の人への挨拶の仕方，インタビューの仕方，探検先での振舞い方，メモの取り方等の事前の学習は，国語や道徳など他教科の学習とも関連させ十分行う。 ・安全面に配慮し，保護者に協力を依頼する。
③ なかよし町探検に行こう(4)	・地域を巡回し，児童の安全を確認する

171

・仕事を手伝わせてもらう。 ・教えていただいたり，発見したりしたことをノートに書く。	とともに，地域の方へのお礼をしたり，活動中に児童に声をかけて励ましたりする。
④　なかよし町探検発表会を開こう(10) ・初めて知ったり，発見したりしたことを，グループごとに方法を考えてまとめる。 ・発表の準備やリハーサルをする。 ・なかよし探検発表会を開く。	・発表会には児童が願った町の人にも来ていただけることを伝え，町の人との関わりをもち続けられるようにする。 ・体験した中から伝えたい内容を整理し，絞りながら考えるよう促す。 ・表現方法を提示し，内容に合うか考えながら決めるよう助言する。 ・探検時の写真や資料を用意し活動の様子を思い出せるようにする。 ・何回も発表できるお店形式にする。
⑤　町の人となかよしになれたかな(2) ・活動を振り返る。	・探検活動で町の人との関わりや愛着が深まったことや自分が成長したことなどに気付くようにする。

(3)　学習場面の例と指導のポイント

【なかよし町探検に行こう】 ※町の人と十分関われる体験活動

インタビュー活動後は，地域の方と十分触れ合いその素晴らしさを体感してほしいと思い，それぞれの探検場所で仕事の手伝いをさせていただくようお願いした。活動後の体験や気付きを伝え合ったところ，どの児童も具体的な地域の人の名前をあげ，その素晴らしさや，仕事への情熱などを熱心に語り，多くの気付きがあふれていた。

【なかよし町探検発表会を開こう】 ※伝え合い交流できる場の設定

伝えたいという児童の願いを児童自身からも担任からも発信し，保護者と町の人対象の発表会を開いた。「上手だね」「よくまとめていて嬉しいよ」などの言葉をいただき，関わることの喜びや充実感を感じていた。

私は働いている人のことを思い考えると，ドーナツがもっと美味しく感じることができるようになりました。

※ドーナツ店に探検に行った児童

　この児童は，これまで何気なく食べていたドーナツをいろいろな人の働きとともに捉えるようになっており，深い学びの実現を確認することができる。

第3章　事例：学習指導要領が目指す新しい生活科の授業

第10節
「内容(9)自分の成長」を中心とした事例

1　単元「もうすぐ2年生」（第1学年）の構想

本単元に直接関わる内容(9)は，次のとおりである。

(9)　自分自身の生活や成長を振り返る活動を通して，自分のことや支えてくれた人々について考えることができ，自分が大きくなったこと，自分でできるようになったこと，役割が増えたことなどが分かるとともに，これまでの生活や成長を支えてくれた人々に感謝の気持ちをもち，これからの成長への願いをもって，意欲的に生活しようとする。

この内容は，以下に示す各学年〔第1学年及び第2学年〕の目標(3)と関係付いている。

(3)　自分自身を見つめることを通して，自分の生活や成長，身近な人々の支えについて考えることができ，自分のよさや可能性に気付き，意欲と自信をもって生活するようにする。

本単元は，「自分の成長」を中心とした単元であるが，自分の生活や出来事を振り返り，自分の成長を実感する中で，児童は，その実感を誰かに「伝えたい」という気持ちになってくる。その対象は，児童にとってこれまでに関わりの深かった人々である。そこで，内容(8)の

174

第10節　「内容(9)自分の成長」を中心とした事例

「生活や出来事の伝え合い」を単元の中に効果的に位置付けることで，よりいっそう単元の目標を達成することができると考える。

次に述べる展開例では，児童による活動の振り返りなどから，伝えたい相手や内容についての意識が高まっている。そこで，前単元「できるようになったよ」，季節の単元「秋をいっぱい楽しもう」で関わりを深めた家族や年長さんに伝える活動を構成することになった。

2　児童や学校，地域の実態に応じた単元の展開例

本展開例は，岐阜県山県市立伊自良南小学校1年生（20名）単学級での平成28年度の実践事例（1月〜3月）を基にしたものである。

本単元の前に，「できるようになったよ」（家族単元）の学習で，児童は，「家族をにこにこにするために自分ができること」を考えてきた。そこでは，家族をにこにこにするためには，自分のことは自分でやったり，妹や弟の世話をしたり，お手伝いをしたりなど，家族のために自分ができることを行うことが大事であると考えて，それぞれが取り組み，家庭の中で自分ができることを増やしてきた。そして，その活動を通して家族から感謝され，家庭生活の中で，「自分ってすごい！」という気持ちを育んできた。

その実感を基に，「1年生になって，いっぱいできるようになったことが増えたんじゃないかな」という気持ちを思い起こし，単元の導入とした。単元の構想はおよそ以下のとおりである。児童とともにつくった単元の見通しと言うことができる。

---

(1)　1年生になってできるようになったことをふりかえろう

(2)　ねんちょうさんにつたえたいことをかんがえよう

(3)　「わくわくもうすぐ1年生だよ！の会」の準備をしよう

(4) 「わくわくもうすぐ１年生だよ！の会」（一日体験入学）
(5) できるようになったことをおうちの人につたえよう
(6) 「がんばったよ！　はっぴょうかい」の準備をしよう
(7) 「がんばったよ！　はっぴょうかい」（授業参観）

3　学習場面の例と学習指導のポイント

　児童が自分自身の成長や変容に気付くことができるようにするには，関わった人々（年長さんや家族，友達など）から，直接感謝や承認，称賛を得ることが重要であると考える。
　ここでは，上記の単元構想の中で(4)の年長さんに向けた１日体験入学と(7)の保護者に向けて行った発表会の実際から学習指導のポイントを示す。

(1)　「わくわくもうすぐ１年生だよ！の会」（一日体験入学）から
①　振り返りの必然性をもてるようにする
　前単元からのつながりで，「自分ができるようになったことを伝えたい！」という気持ちを高めてこの会を計画することで，どの子も意欲的に練習に臨むことができる。児童は，１年前のこの会のことをよく覚えている。「自分たちが教えてもらって楽しかったことを今度は自分たちが年長さんたちにぜひ伝えたい！」という強い願いをもつことができるのである。

②　相手意識を明確にもち，表現方法を考える
　年長さんに伝えたいことを，やってみせること・やってもらうこと

第10節 「内容(9)自分の成長」を中心とした事例

として決めていく。その後は，自分たちで，具体的な伝え方，伝える内容を考えるようにすることで，自分たちの言葉でリアルに伝えることができる。セリフを暗記するのではなく，練習のたびに，どうしたら年長さんに伝わるか，仲間と説明の仕方を何度も何度も相談して，作り出していくのである。セリフを与えれば，簡単にできるのだが，子供に任せ子供自身が考えるような指導をすることがポイントである。

③ **保育園・幼稚園の先生方との連携**

この会の趣旨を園の先生方に前もって説明し，子供たちの支援をしていただけるようにすることは重要である。おわりの会に園の先生方からのお話の場を設けて，年長さん，1年生ともにがんばったことを価値付けてもらう。そうすることで，年長さんたちは，「ひらがなコーナーが楽しかったよ」「大なわとびが楽しかったよ」とどのコーナーについても，楽しかったと感想を言ってくれる。これを聞いて，1年生も大喜びし，積極的に挙手をして，感想を発表することができる。「私より字が上手でびっくりしました」「新1年生さんたちが説明したとおりにやってくれたのでうれしかったです」「やさしくていねいに教えてあげられたのでうれしかったです」と，年長さんのがんばりをほめてあげるとともに，自分のがんばりに気付いて発言することができる。双

177

方向の振り返りの場をもつことによって、自分自身の成長を実感することができるのである。

(2) 「がんばったよ！発表会」（授業参観）から

年長さんへの「わくわくもうすぐ1年生だよ！の会」を大成功に終えた後の振り返りでは、次は、保護者に向けて自分たちができるようになったことを発表したいという気持ちに自然になっていく。その気持ちを捉え、「できるようになったこと」を再度振り返り、自分にとって一番の成長を実感した出来事を確かめていった。

① 発表会に向けての見通しを児童自身が考え、主体的に練習する

様々な発表会など、これまでに自分たちで実践してきた楽しい会を進行するためにどんな準備が必要だったか、児童から見通しを出すことができるように声をかける。そうすることで、「一人一人練習する」「ペアで聞き合って練習する」「グループでいいかどうか話し合う」「八の字跳びは、やってみるところをグループでいっしょにつくる」「先生に聞いてもらう」「みんなで、聞き合って、いいかどうか言い合う」など次々とアイディアが出されてくる。これを板書に位置付け、練習を進めることで、主体的に練習に臨むことができるようになる。

② 相互評価を位置付けた発表会の持ち方を工夫する

発表会では，まずこの1年間で自分ができるようになったことを発表する。給食の配膳が友達と協力して速くできるようになったこと。何度も何度も練習して，計算カードがすらすらできるようになったこと。自分から進んで自主勉強に取り組んだこと。初めはうまく跳べなかったけれど，リズムよく跳べるようになった八の字跳びのこと等々，児童は自信満々に発表する。本事例では，そこで終わらずに，それぞれの発表が終わった後に，聞き手が評価をするようにした。「ねばりづよくがんばったで賞」「力をあわせたで賞」「自分からとりくんだで賞」「こつこつとがんばったで賞」の四つの視点でそのどの賞があげられるか，みんなで相談するのである。「八の字跳びは，みんなで力を合わせないとできないから，力をあわせたで賞だよね」「計算カードの練習を毎日やったからこつこつ賞だよね」と理由を言いながら，一人一人にぴったりの「賞」をプレゼントしていく。

 このような方法により，聞き手は，発表の方法（声の大きさなど）ではなく，発表の内容でよく聞き取り，その発表者のよさを認めることができる。そうして賞をもらった児童はにこにこ笑顔になる。つまり，「自分ががんばったこと」に対する承認に価値があるということである。自分ががんばったことをちゃんと見取ってくれる先生，仲間がいるからこそ，自己肯定感が育まれ，明日への生活への意欲と自信につながっていくのである。

第４章

学習指導要領を活かす生活科の
カリキュラム・マネジメント

第4章　学習指導要領を活かす生活科のカリキュラム・マネジメント

第1節
社会に開かれた生活科のカリキュラム

Q 生活科における「社会に開かれた教育課程」の捉え方とカリキュラム編成のポイントを教えてください。

　新学習指導要領の主要な改訂のポイントは，新しい時代を切り拓いていくために必要な資質・能力が三つの柱として整理されたことであり，もう一つのポイントは，社会に開かれた教育課程という考え方が示されたことである。社会に開かれた教育課程については，平成28年12月の中央教育審議会答申において，次の三つのことが重要な点として示された。

1　社会や世界の状況を幅広く視野に入れ，よりよい学校教育を通じてよりよい社会を創るという目標を持ち，教育課程を介してその目標を社会と共有していくこと。

2　これからの社会を創り出していく子供たちが，社会や世界に向き合い関わり合い，自ら人生を切り拓いていくために求められる資質・能力とは何かを，教育課程において明確化し育んでいくこと。

3　教育課程の実施に当たって，地域の人的・物的資源を活用したり，放課後や土曜日等を活用した社会教育との連携を図ったりし，学校教育を学校内に閉じずに，その目指すところを社会と共有・連携しながら実現させること。

　もとより生活科は，児童の身の回りの環境や地域を学習の対象やフィールドとしており，社会とのつながりを大切にしてきた教科であ

182

第1節　社会に開かれた生活科のカリキュラム

る。今回の改訂においては，自立し生活を豊かにしていくための資質・能力の育成に向けて，さらに生活科のカリキュラムを社会に開くことが求められている。

1　生活科のカリキュラムを社会に開くとは

今回改訂された生活科の教科目標においては，「具体的な活動や体験を通して，身近な生活に関わる見方・考え方を生かし，自立し生活を豊かにしていくための資質・能力を次のとおり育成することを目指す」という最初の一文とともに，「(1)活動や体験の過程において，自分自身，身近な人々，社会及び自然の特徴やよさ，それらの関わり等に気付くとともに，生活上必要な習慣や技能を身に付けるようにする」「(2)身近な人々，社会及び自然を自分との関わりで捉え，自分自身や自分の生活について考え，表現することができるようにする」「(3)身近な人々，社会及び自然に自ら働きかけ，意欲や自信をもって学んだり生活を豊かにしたりしようとする態度を養う」という資質・能力の三つの目標においても，児童が社会とのつながりや関わりをもつことを重視している。

低学年の児童が，よき生活者としての資質・能力を身に付けていくようにするためには，具体的な活動を通して思考するというこの時期の発達上の特徴から考え，児童が生活している身近な社会を学びの場として，実際に対象と関わり合いながら学習活動を展開していくことが欠かせない。そのため，生活科では，児童の生活圏としての学校，家庭，地域を学習の対象や場とすることを求めている。身近な社会における児童の生活から学習を展開することが，生活科のカリキュラムを社会に開くことのスタートとなる。そして，児童が自分の思いや願いを生かしながら，身近な人々，社会及び自然と直接関わる活動や体験を通して学び，学んだことが学校，家庭，地域など，児童にとって

183

第4章　学習指導要領を活かす生活科のカリキュラム・マネジメント

の身近な社会における生活に生きていくようにすることが大切である。

2　社会に開かれた生活科のカリキュラム編成

　生活科における資質・能力の育成を目指して，社会に開かれたカリキュラムを編成・実施する際には，児童の実態や地域の特性，授業時数などを考慮し，各学校で独自に構成した単元や学習活動を適切に配置し，実践につなげること，つまりカリキュラムのデザインが大切である。なぜなら，生活科における学習の場や対象は，児童の生活圏であり，児童の実態や地域の環境は学校ごとに異なるからである。生活科においては，地域性を重視しており，それは，児童が暮らす地域での生活を大切にしていることに他ならない。そのため，使っている教科書は同じでも，生活科のカリキュラムは同じにはならない。児童の生活が地域によって異なるからである。そこで，学校ごとに，その学校の属する地域の特色をよく生かした教材づくり，単元づくりが求められる。ここでは，社会に開かれた生活科のカリキュラムを編成・実施する上で重要なこととして次の3点について述べる。

(1)　児童の生活圏を知る

　社会に開かれた生活科のカリキュラム編成のためには，児童の生活を授業と結び付けていくことが大切である。身近な地域は，児童にとって生活の場であり学習の場である。児童がよく遊びに行く公園や，日々出会っている人々，登下校の途中で見かける動植物など，児童は知っていても教師が知らないことは多い。生活科のカリキュラムを社会に開くためには，まず，教師が地域に出かけ，児童の生活圏を知ることが大切である。例えば，公共物や公共施設，身近に見られる動植物やそれらが生息し生育する場所，そして通学路の安全を守っている人々，地域で生活したり働いたりしている人々，地域で行われる

184

行事など，児童が身近な社会である地域に興味・関心をもち愛着を感じることができるように，活動や体験を具体的に思い描きながら調査し，把握することが社会に開かれた生活科のカリキュラムを編成する上で重要なことである。

同時に，児童が日常の暮らしの中でどのようなことに興味・関心をもっているのかについて，児童との会話や，朝の会でのスピーチ，日記などから情報を得るようにすることも大切である。児童は，「家から学校に来るまでに，5人の交通指導員さんがいるよ。みんなと握手してきたよ」「学校の帰りにドングリをたくさん拾ったよ。一番大きなドングリはこれです」など，身近な社会の中で見付けたことや心動かされたことを語ってくれる。そこにはカリキュラムを地域に開くためのヒントがたくさんある。地域のフィールドワークとともに，児童がまさにその地域で経験している人・もの・こととの関わりを生かして教材化していくことで，生活科のカリキュラムが社会に開かれていく。

(2) 生活科における教育資源の活用

地域の環境を調査して見いだした学習の素材や人材，活動の場などの情報を，一つの単元づくりのためだけの活用に留めるのは残念なことである。そこで，例えば，生活科マップや人材マップ，季節の移り変わりや地域の行事などを位置付けた生活科暦などとして整理し，低学年の生活科のみならず，他教科等の教材としたり，中学年以降の総合的な学習の時間や他教科等の学びとつなげたりするなど，学校全体で活用するようにしたい。ここで大切にしたいことは，一度作成した生活科マップ，人材マップ，生活科暦なども，固定的なものとせず，変化に合わせて柔軟に変えていく意識をもつことである。なぜなら，時間の移り変わりによっても，社会情勢等によっても絶えず地域の環境は変化しているからである。季節や時刻，毎日の天候や気温などによって，身近な自然とともに，地域の人々の暮らしの様子や人々の動

きも変化する。児童は，その変化する社会で生活しているのであるから，作成した生活科マップや人材マップ，生活科暦なども変化に応じて見直し，児童からの新鮮な情報も得ながら，書き加えたり，書き換えたりするようにしたい。

　併せて，各学校において，社会とのつながりを大切にした生活科のカリキュラムを編成し実施するためには，保護者や地域の人々，公共施設や関係機関の人々の協力を得るための体制づくりをしておくことが必要である。児童の活動や体験の場や対象を学校内に留めずに，児童の生活圏に広げ，様々な人や自然，事象と触れ合うようにすることは，生活科の学びとして重要なことであるが，そのためには事前の綿密な計画と安全への配慮が欠かせない。地域における児童の思いや願いを生かした多様な学習活動を，地域の施設や人々との関わりを深めながら展開するためには，学校全体の協力はもちろんのこと，地域の人々の理解と協力が不可欠である。具体的には，児童の活動に同行する，動植物の飼育や栽培について助言する，商店街や公共施設などへの連絡や調整をするなど，できることから協力を依頼し，やがて継続的に連携していけるような体制づくりにつなげていきたい。

　こうした計画的，組織的で安定的な教育資源の活用と地域の人々との連携ができることで，児童は安心して身近な社会における学習に向かうことができる。また，児童が，その社会や自然の中で生活する人として，授業の時間だけでなく，登下校の際や，友達と遊ぶ時，地域で家族と過ごす時なども，繰り返し身近な社会の人・もの・ことに働きかけ，関わることでさらに生活科の学びが豊かになっていくことも期待できる。

(3)　生活科の学びの価値を社会と共有する

　地域の人々に協力を求める際には，生活科の趣旨をはじめ，活動の目的，具体的な支援の内容や範囲を明確に伝えることが大切である。その際，生活科において身に付ける資質・能力，児童の活動の意義や

第1節　社会に開かれた生活科のカリキュラム

学ぶ内容など，生活科における学びの全体像を分かりやすく見渡せる
指導計画や単元計画などを基に情報共有することが効果的である。な
ぜ児童の思いや願いを生かして学習活動を展開しようとするのか，な
ぜ身近な地域で学ぶことが大切なのか，なぜ繰り返し対象と関わるこ
とを位置付けるのか，こうしたことを学校内はもとより，地域の人々
とも共通理解できるようにするための発信が重要である。

　地域の人々の思いや願いにも耳を傾けながら，共に地域で育つ児童
の学びを支え，成長を喜び合い，生活科で学んだことが地域での生活
に生かされていくことに価値を見いだしていけるような連携を目指し
たい。そのことが，生活科のカリキュラムを社会に生かすことであ
り，さらに豊かにしていくことにもつながることである。

第4章　学習指導要領を活かす生活科のカリキュラム・マネジメント

第2節
スタートカリキュラムの位置付けと展開

1　スタートカリキュラムの位置付け

Q　スタートカリキュラムはどのように位置付けられているのですか。

(1)　今期改訂までの経緯

「スタートカリキュラム」は，平成20（2008）年の文部科学省『小学校学習指導要領解説　生活編』において示された言葉である。そこには，次のように記述されている。

　今回の改訂において加えられた，「第1学年入学当初においては，生活科を中心とした合科的な指導を行うなどの工夫をする」とは，上記の第3と関連が深い。児童の発達の特性や各教科等の学習内容から，入学直後は合科的な指導などを展開することが適切である。例えば，4月の最初の単元では，学校を探検する生活科の学習活動を中核として，国語科，音楽科，図画工作科などの内容を合科的に扱い大きな単元を構成することが考えられる。こうした単元では，児童が自らの思いや願いの実現に向けた活動を，ゆったりとした時間の中で進めていくことが可能となる。大単元から徐々に各教科に分化していくスタートカリキュラムの編成なども効果的である。

188

その後，平成22（2010）年には「幼児期の教育と小学校教育の円滑な接続の在り方に関する調査研究協力者会議」が「幼児期の教育と小学校教育の円滑な接続の在り方について（報告）」を取りまとめている。そこでは，「スタートカリキュラムの編成における留意点」として，次の5点について記述されている。

---

① 幼稚園，保育所，認定こども園と連携協力すること
② 個々の児童に対応した取組であること
③ 学校全体での取組とすること
④ 保護者への適切な説明を行うこと
⑤ 授業時間や学習空間などの環境構成，人間関係づくりなどについて工夫すること

この報告を踏まえ，国立教育政策研究所教育課程センターは，スタートカリキュラムの考え方や編成，マネジメントなどについてまとめた小冊子を作成し，平成27（2015）年に全国の小学校や幼稚園，保育所，認定こども園などに配布している。小冊子には，スタートカリキュラムの趣旨が次のように示されている。

スタートカリキュラムとは…
小学校へ入学した子供が，幼稚園・保育所・認定こども園などの遊びや生活を通した学びと育ちを基礎として，主体的に自己を発揮し，新しい学校生活を創り出していくためのカリキュラムです。

このような経緯は，幼児期の教育の重要性，小学校低学年教育の独自性の再確認，幼小の円滑な接続のための連携や協力などにつながり，今回の学習指導要領改訂へと結びついている。

第4章　学習指導要領を活かす生活科のカリキュラム・マネジメント

(2)　新学習指導要領におけるスタートカリキュラムの位置付け

　スタートカリキュラムに関して「第2章　各教科　第5節　生活」では，次のように示されている。

> (4)　他教科等との関連を積極的に図り，指導の効果を高め，低学年における教育全体の充実を図り，中学年以降の教育へ円滑に接続できるようにするとともに，幼稚園教育要領等に示す幼児期の終わりまでに育ってほしい姿との関連を考慮すること。特に，小学校入学当初においては，幼児期における遊びを通した総合的な学びから他教科等における学習に円滑に移行し，主体的に自己を発揮しながら，より自覚的な学びに向かうことが可能となるようにすること。その際，生活科を中心とした合科的・関連的な指導や，弾力的な時間割の設定を行うなどの工夫をすること。

　他教科等との関連，幼小接続，中学年以降への接続などに関する記述であり，「特に，小学校入学当初においては」以降が，スタートカリキュラムに関して直接言及されている部分である。
　また，他教科においても関連する記述が見られる。例えば「第2章　各教科　第1節　国語」においては，次のとおり示されている。

> (7)　低学年においては，第1章総則の第2の4の(1)を踏まえ，他教科等との関連を積極的に図り，指導の効果を高めるようにするとともに，幼稚園教育要領等に示す幼児期の終わりまでに育ってほしい姿との関連を考慮すること。特に，小学校入学当初においては，生活科を中心とした合科的・関連的な指導や，弾力的な時間割の設定を行うなどの工夫をすること。

　このように小学校入学当初の教育の在り方が，生活科を中心にした

第2節　スタートカリキュラムの位置付けと展開

スタートカリキュラムとして教育課程の全体に位置付けられていることが分かる。

2　スタートカリキュラムの編成

Q　スタートカリキュラムの編成ポイントは何ですか。

(1)　スタートカリキュラムが有する二つの特性

　幼稚園等における保育案などは，日案として，園児が登園してから降園するまでの実時間についての計画が示されることが一般的である。それが概要として1週間分まとめて示されれば週案となる。一方で，小学校における計画は，教科等の一単位時間の学習指導案として示される。単元の全体を示せば単元計画となる。幼稚園等には特定の領域に特化した特定の時間がないこともあり，1日の実時間のストーリーが重要であるのに対し，小学校では教科等における学習過程のストーリーが重視されていることが分かる。

　小学校入学当初の教育計画であるスタートカリキュラムは，幼小の円滑な接続の観点から，上記の双方の特性を有するものである。これを紙面上に表現することは難しいが，より重要なことは，紙面上のカリキュラムではなく考え方であり，現実に展開される実践の在り方である。

　「スタートカリキュラム　スタートブック」（国立教育政策研究所，平成27（2015）年）では，スタートカリキュラムの考え方を「安心」「成長」「自立」という三つのキーワードで説明している。端的には次のような意味である。

　子供たちは，いろいろなことに挑戦して「成長」し，少しずついろいろなことができるようになり，「自立」へと向かう。このような挑

191

第4章　学習指導要領を活かす生活科のカリキュラム・マネジメント

戦を可能にするのは「安心」である。子供たちは成長の過程にあるものの，その時々においてすでに様々な知識や力，経験などを有しており，これを主体的に発揮することが成長へとつながる。したがって，たとえ小学校入学当初であっても，「ゼロからのスタートではない」のであり，すでにできることを主体的に発揮するようなカリキュラムが必要なのである。

(2)　スタートカリキュラムの編成

スタートカリキュラムの編成や表現の方法は，学校の実態や自治体の状況にもより様々であるが，およそ次のように整理できる。

① 幼児期の子供の姿を理解すること，期待する成長の姿を共有すること，一人一人の子供の実態を把握すること

② 成長の姿を月や週の単位でイメージすること

③ 学習を機能により類型化して，指導計画や週案に位置付けること

ここで言う類型とは，例えば次のような時間区分である。

A　一人一人が安心感をもち，新しい人間関係を築いていくことをねらいとした学習で，歌や手遊び，簡単なゲームなどを行う時間

B　合科的・関連的な指導による生活科を中心とした学習で，思いや願いの実現の過程を他教科等との総合的なストーリーとして展開する時間

C　教科等を中心とした学習で，発達の段階に配慮しながら，当該教科等に固有なストーリーを展開する時間

Aについては，幼児期に経験のある遊びや歌を楽しみながら，お互いが親しみや安心感を得ることが大切である。毎日いわゆる朝の会や帯時間に設定し，生活のリズムの一部にしていくことが有効であろう。

Bは，例えば生活科の学校探検の学習に他教科等の学習を関連付けて一体的に行うような構成である。探検で見付けたことを言葉で伝え

たり絵で表したりすることを，国語科や図画工作科などと合科的・関連的に展開することで，児童の意識が連続するであろう。

Cは，児童の発達の段階に配慮して，具体的な活動を取り入れ諸感覚の使用を促しながら進める教科等の学習のイメージである。

A，B，Cを具体的な時間割に構成する際は，生活のリズムや1日の過ごし方に配慮することが大切である。また，1単位時間の使い方も，45分間の連続ではなく，15分程度で区切る短い単位を組み合わせて構成することも考えられる。このような弾力的な時間割の設定を行うなどの工夫により，この時期の児童に適切な学習とすることができる。ここでは，週案としてのスタートカリキュラムのイメージを，表4-2-1のとおり示した。

スタートカリキュラムには，環境構成の側面も重要な役割をもつ。幼児期の教育は環境を通して行われるため，幼児が安心して様々なことに挑戦できる環境構成の工夫が見られる。このような工夫を小学校教育においても生かすことができる。特に，入学当初の時期にあっては，幼児期の環境との連続性に配慮することが，スタートカリキュラムとして大切である。

(3) 幼稚園・保育所・認定こども園等との連携

スタートカリキュラムの編成や展開に当たっては，幼稚園等との連携が大きな意味をもつ。具体的には，幼児と小学生の交流活動，指導要録等を活用した新入学児童の情報共有，保育・授業の相互参観，合同研修会等の実施などを通した連携である。また，このような機会を節目としつつ，日常的な連携も重要であろう。連携をもつことで，入学前の幼児の姿や入学後の成長の見通しが得られ，それぞれがより適切な接続期のカリキュラムを編成したり展開したりすることができるのである。

連携の実際は，学校区や地域の実情に合わせて行われる。連携先の園児が当該の小学校に入学するとは限らない場合もあろう。先行事例

第4章　学習指導要領を活かす生活科のカリキュラム・マネジメント

によると，連携のあった小学校とは別の小学校へ入学した場合でも，それまでの連携による経験などによって新しい学校生活を送ることができたことが，報告されている。幼小連携が，学校区の範囲にとどまらない成果をあげていることを確認することができる。

表4-2-1　スタートカリキュラムのイメージ　（週案レベルの例・一部）

4月　第2週			
今週のテーマ〔友達や先生となかよく〕			
	4月13日（月）	4月14日（火）	4月15日（水）
朝の会	A　友達や先生となかよく ・みんなで挨拶 ・手遊び	A　友達や先生となかよく ・みんなで挨拶 ・手遊び	
1	・お話いっぱい ・歌にあわせて	・歌にあわせて C　国語科「おはなしよんで」	
2	B　国語科・図画工作科・生活科「たのしいがっこう」 ・学校探検に出発	C　算数科「いくつかな」	
3	・学校のわくわくとはてなを見付けよう	B　国語科・図画工作科・生活科「たのしいがっこう」 ・学校探検，見付けたよ	

※単元名ほか記載の内容は架空のもので，実在のものとは関係しない。

3　スタートカリキュラムのマネジメント

　前述のとおりスタートカリキュラムを紙面上に表現することは難しい。また，詳細なカリキュラムが編成されたとしても，実践として実現しなければ残念なことである。

　スタートカリキュラムをはじめ学校の教育課程は，運用しながら随時調整されることが重要であり，また年度ごとに児童や学校，地域の実態に即して更新，改善されていくことが重要である。いわゆるカリキュラム・マネジメントである。そのためには，初めの計画だけでなく，実践されたカリキュラムとして，想定外の出来事も含めた運用の

194

第2節　スタートカリキュラムの位置付けと展開

記録が残り，共有されたり引き継がれたりすることが重要である。カリキュラム編成の初年度は大まかであっても，カリキュラム・マネジメントによって次第に現実的で適切なカリキュラムへとなっていくであろう。

　カリキュラム・マネジメントは全校体制の中に位置付けられ，一人一人の教職員が当事者意識をもって参画することが大切である。スタートカリキュラムやその考え方はこれからの教育の在り方の全体に通じるものであり，小学校第1学年だけの取組ではなく，全校的な理解や取組が必要なのである。そのような意味で，スタートカリキュラムの編成やマネジメントにおいて，学校管理職の果たす役割は大きい。

【参考文献】
○文部科学省『小学校学習指導要領解説　生活編』平成20（2008）年，p.45
○国立教育政策研究所教育課程研究センター「スタートカリキュラム　スタートブック」平成27（2015）年，p.2

195

第4章　学習指導要領を活かす生活科のカリキュラム・マネジメント

第3節

**学習指導要領を反映した生活科の
授業研究の進め方**

1　現在の授業研究の状況

Q 生活科におけるこれからの授業研究はどのように進めていけばよいですか。

　日本の授業研究を中核とする校内研修は，国際的に見ても優れた教育実践研究である。「レッスン・スタディ（Lesson　Study）」として紹介された日本の授業研究は多くの国々で広がりを見せている。

　教員は毎日の授業実践の中で実践知を学びながら，一方でその実践を支える教育内容・教育方法等に関する理論を学び，それらを実践の中で再構成している。授業を構想し，実践，省察する過程を組織内の教員が協働で研究するという授業研究は参加教員の実践力を高める上で重要な役割を果たしてきた。

　現在行われている授業研究では，1時間の授業を公開し，その時間に関する指導方法等を事後検討するという形式が多くみられる。単元全体については学習指導案の単元計画に示されているが，授業研究の協議の中心は公開された1時間が対象となり，1回ごとに完結する研究に留まる場合もある。このような授業研究に対して，単元のまとまりを見通した指導の在り方や教科横断的な視点からの内容や教材の改善を図っていく視点に至っていないという指摘もある。

　また，近年，学校では若い教員の大量採用，家庭や社会からの学校に対する期待や事務的な業務等の増加により，教員が授業研究を負担

196

と感じている状況も見られる。また，授業研究が形式化され，参加教員がその成果を実感できないままで実施されている場合もある。

このような現状を踏まえ，学習指導要領改訂で生活科に期待されるものを整理し，その充実を図る授業研究の進め方を考えていく。

2 これからの生活科に期待されるもの

学習指導要領で生活科に期待されているものをまとめておく。

前章までに述べられているように，中央教育審議会答申で示された学習指導要領等改訂の基本的な方向性を踏まえ，改訂の基本方針として，特に「主体的・対話的で深い学び」の実現に向けた授業改善の推進と，各学校におけるカリキュラム・マネジメントの推進が求められている。

また，生活科では次の点においてさらなる充実が期待されている。

・活動や体験を行うことで低学年らしい思考や認識を確かに育成し，次の活動につなげる学習活動を重視する。

・幼児期の教育において育成された資質を存分に発揮し，各教科等で期待される資質・能力を育成する低学年教育として滑らかに連続・発展させる。

・幼児期の教育との連続や接続を意識したスタートカリキュラムについて，生活科固有の課題としてではなく，教育課程全体を視野に入れた取組にする。

・社会科や理科，総合的な学習の時間をはじめとする中学年の各教科等への接続を明確にする。

以上のように，生活科においては，幼児期の教育との接続や中学年の各教科との接続を明確にすることや，教育課程全体を視野に入れた取組がこれまで以上に求められている。

「主体的・対話的で深い学び」の視点においては，アクティブ・

第4章　学習指導要領を活かす生活科のカリキュラム・マネジメント

ラーニングを導入した授業づくりが全国的に早い段階から実施され始め，生活科においてもこれまでの実践の成果を踏まえながら，その充実を図る授業研究が行われている。また，教員研修自体の在り方においてもアクティブ・ラーニングの視点での見直しが行われ，ワークショップ型研修を取り入れた授業研究の活性化も図られている。

　一方の「カリキュラム・マネジメント」の視点は，生活科の改訂の趣旨からもその重要性は明らかであるが，実際には１時間を対象とした授業研究が定着しており，単元のまとまりとしての授業研究や学校改善につながる授業改善までには至っていない場合も多い。

3　学習指導要領を反映した生活科の授業研究の進め方

　ここではカリキュラム・マネジメントの推進の視点を中心に生活科の授業研究の進め方を検討する。現在，各校で実施されている授業研究のスタイルを生かしながら，その充実を図る進め方を考えていく。

(1)　自校の教育課程に関する校内研修の充実

　カリキュラム・マネジメントの充実に向けては，授業改善と学校改善がつながり，双方向に作用することが必要である。生活科の授業研究が積極的に行われている場合でも，自校の教育課程についての共通理解がなされているか，教育課程とつながる授業改善になっているかという点検が必要となる。全ての教職員が自校の教育課程を語ることのできる学校の実現を目指す上で，授業研究も教育課程を核にした協働となることが求められる。家庭・地域社会の連携・協働による学校改善に向けた教育課程についての理解を図る場も必要である。

(2)　年間計画における生活科授業研究の時期の検討

　校内での授業研究は５月下旬から６月，10月から11月の実施が多く，４月当初から開始されることは少ない。年度初めは教職員が多忙であることに加えて，「学習規律が確立していない」「学級経営を公開

198

する段階ではない」という理由が考えられる。授業者の授業力や学級経営力の公開ではなく，授業者と参観者が協働で授業改善を行うという共通理解に基づき，授業研究の適期を年間計画に位置付けたい。

　特に，1年生の生活科で求められるのは，スタートカリキュラムであり，「入門期の子供達の授業をどのように行うか」「幼児教育との連携をどのように図るか」の視点における授業研究である。小学校入学直後の4月から5月の1年生の授業を校内の教職員，校区の幼稚園・保育所，中学校，地域等に公開し，授業研究を進めることが授業改善，学校改善につながる。同様に2年生の生活科においても，中学年との接続を図るという観点から，学年末の3月までの単元を検討し，年間を通じて計画的に授業研究の時期を設定することが必要である。

(3)　生活科の理解を深めるための校内研修の工夫

①　学校内外の人材を講師とした生活科の研修

　授業研究には指導・助言者として，外部講師の招聘を行い，専門的な指導・助言や全国の動向等の新しい情報を得ることは多く行われている。生活科においては協働で研究を進めるメンバーである幼稚園等の異校種の教員を講師として依頼することも有効である。スタートカリキュラムの編成にあたっては，幼稚園教育要領等に示す幼児期の終わりまでに育ってほしい姿や幼児期における学びを理解することが必要である。近隣の幼稚園等の園長・教員を講師としても位置付けることにより，幼児の具体的な姿を通して幼児期の学びについての理解を図る校内研修を進めることができる。また，各校には公的な教育機関の研修や自主研究会等，学校を超えた生活科の研修に個別に参加し，理論を学び，授業研究に取り組んでいる教員も多い。生活科における指導経験や個別の専門的な研究を進めている教員を校内の講師として位置付け，研究の成果を自校の授業改善に生かしていく。校内の教員を内部講師として位置付けることは，学校の実態に即した研修が進められるだけでなく，教員自身にとってもこれまでの知識や経験を再構

築し，自己の研究をより深めることにもなり，人材育成にもつなが
る。

② **生活科の授業イメージをもつ事前研修**

　低学年のみの教科である生活科の授業研究では，小学校教員であっ
ても生活科授業の経験の有無で教科内容・方法について発言者に偏り
がみられる場合もある。また幼稚園教諭や保育士，中学校教諭が小学
校の授業研究に参加した場合も，生活科の授業について，異なる校種
の立場からの疑問や意見が出にくい場合も多い。生活科の授業研究を
深めていくための準備として，生活科の授業イメージを参加者がもっ
ておくことも有効である。多様な参加者の理解の手掛かりとなるもの
の一つに生活科の児童用教科書がある。教科書は学習指導要領の目
標・内容を具体化したものである。特に生活科の教科書は活動や体
験，思考・表現を実際に行う児童の姿が描かれているという特色があ
る。参加者が生活科の教科書を閲覧できる状況にしておき，生活科の
授業イメージをもって参観することは，授業研究の活性化につなが
る。

(4)　単元全体を対象とした授業研究の計画

　生活科の授業では，児童の思いや願いの実現に向けた探究的な活動
が行われ，一つのストーリーの中で，活動や体験と，思考・表現が繰
り返され，単元が展開していく。また，スタートカリキュラムの推進
において低学年教育の中心としての役割が一層求められている生活科
では，各教科との合科的・関連的な単元もこれまで以上に期待されて
いる。合科的な指導では，1時間の中で複数の教科が合科的に指導さ
れる場合や1時間のみをみると1教科の指導であるが，全体のまとま
りの中で，合科的な単元の1時間として構成されている場合もある。
つまり，生活科の授業研究にあたっては，単元全体を通して授業の構
想や児童の学びの過程に着目することが必要である。

　以下，単元全体を授業研究の対象とする進め方を考えていく。

① 単元の目標及び構想の事前理解

授業研究の対象は単元全体であるという前提から，単元開始前に単元の目標，単元の構想を参加者全員が共有する場を設定する。外部からの参加者も想定している場合は，研修担当部等との連携で研究通信を作成することも考えられる。生活科の学習指導案についても形式的に作成するのではなく，幼児期の終わりまでに育ってほしい姿の位置付けや中学年とのつながりなど必要な項目の検討も行う。

② 単元内の全授業を自由に参観できる体制づくり

単元の目標や構想の事前理解を図る際，各時間の授業の実施日時，場所についても報告し，基本的に対象単元の全授業を公開とする。参加者は単元の中の全ての時間を参観することは難しいが，各時間の授業の一部でも自由に参観する。また，各授業はビデオ等で記録しておき，いつでも授業の記録を視聴できるような環境を整えておく。

③ 単元の実施における経過の共有

授業研究で対象となる単元については，各授業の自由参観とともに，授業者の報告による単元展開の途中経過の共有も効果的である。事前理解と同様に研究通信や実際に児童が授業で表現したものの紹介等も考えられる。また，参観者は自由に参観した授業に関する疑問等を授業者に質問したり，授業に関わる教室の掲示物の説明を受けたりすることが日常的に行われる環境作りも必要である。単元展開の経過を共有した上で1時間の授業を全員で参観し，その事後検討を行う。

④ 授業研究後のまとめの共有

これまでの授業研究においては事後検討後に授業研究のまとめが十分行われず，その成果と課題が曖昧なままに終了してしまう場合も見られた。このことは授業研究の形式化を招き，授業者に負担感のみを生じさせることにつながる。授業研究が具体的な授業改善につながるためには，研修担当部と授業者が連携して授業研究のまとめを行い，その成果と課題を参加者が共有することが必要である。この蓄積は次

に展開する単元での授業改善に生かされるとともに，年間計画の修正や次年度の学校改善への提案となっていく。

　以上，学習指導要領を反映した授業研究の進め方について考えてきた。教職員，家庭，地域の関係者が教育課程について語り合い，その改善につながる各校の授業研究の充実が期待される。

【参考文献】
○日本教育方法学会編『授業研究と校内研修』図書文化，2014年
○秋田喜代美他『授業研究と学習過程』放送大学教育振興会，2010年
○村川雅弘『ワークショップ型教員研修　はじめの一歩』教育開発研究所，2016年
○石井英真『アクティブ・ラーニングを超えていく「研究する」教師へ』日本標準，2017年
○福岡県教育センター編『校内研修のすすめ方』ぎょうせい，2013年

小学校学習指導要領〔抜粋〕

小学校学習指導要領
平成29年3月
〔抜粋〕

第2章　各教科
第5節　生　活
第1　目　標

　具体的な活動や体験を通して，身近な生活に関わる見方・考え方を生かし，自立し生活を豊かにしていくための資質・能力を次のとおり育成することを目指す。

　(1)　活動や体験の過程において，自分自身，身近な人々，社会及び自然の特徴やよさ，それらの関わり等に気付くとともに，生活上必要な習慣や技能を身に付けるようにする。

　(2)　身近な人々，社会及び自然を自分との関わりで捉え，自分自身や自分の生活について考え，表現することができるようにする。

　(3)　身近な人々，社会及び自然に自ら働きかけ，意欲や自信をもって学んだり生活を豊かにしたりしようとする態度を養う。

第2　各学年の目標及び内容
〔第1学年及び第2学年〕

1　目　標

　(1)　学校，家庭及び地域の生活に関わることを通して，自分と身近な人々，社会及び自然との関わりについて考えることができ，それらのよさやすばらしさ，自分との関わりに気付き，

地域に愛着をもち自然を大切にしたり，集団や社会の一員として安全で適切な行動をしたりするようにする。

　(2)　身近な人々，社会及び自然と触れ合ったり関わったりすることを通して，それらを工夫したり楽しんだりすることができ，活動のよさや大切さに気付き，自分たちの遊びや生活をよりよくするようにする。

　(3)　自分自身を見つめることを通して，自分の生活や成長，身近な人々の支えについて考えることができ，自分のよさや可能性に気付き，意欲と自信をもって生活するようにする。

2　内　容

　1の資質・能力を育成するため，次の内容を指導する。

〔学校，家庭及び地域の生活に関する内容〕

　(1)　学校生活に関わる活動を通して，学校の施設の様子や学校生活を支えている人々や友達，通学路の様子やその安全を守っている人々などについて考えることができ，学校での生活は様々な人や施設と関わっていることが分かり，楽しく安心して遊びや生活をしたり，安全な登下校をしたりしようとする。

203

(2) 家庭生活に関わる活動を通して，家庭における家族のことや自分でできることなどについて考えることができ，家庭での生活は互いに支え合っていることが分かり，自分の役割を積極的に果たしたり，規則正しく健康に気を付けて生活したりしようとする。

(3) 地域に関わる活動を通して，地域の場所やそこで生活したり働いたりしている人々について考えることができ，自分たちの生活は様々な人や場所と関わっていることが分かり，それらに親しみや愛着をもち，適切に接したり安全に生活したりしようとする。

〔身近な人々，社会及び自然と関わる活動に関する内容〕

(4) 公共物や公共施設を利用する活動を通して，それらのよさを感じたり働きを捉えたりすることができ，身の回りにはみんなで使うものがあることやそれらを支えている人々がいることなどが分かるとともに，それらを大切にし，安全に気を付けて正しく利用しようとする。

(5) 身近な自然を観察したり，季節や地域の行事に関わったりするなどの活動を通して，それらの違いや特徴を見付けることができ，自然の様子や四季の変化，季節によって生活の様子が変わることに気付くとともに，

それらを取り入れ自分の生活を楽しくしようとする。

(6) 身近な自然を利用したり，身近にある物を使ったりするなどして遊ぶ活動を通して，遊びや遊びに使う物を工夫してつくることができ，その面白さや自然の不思議さに気付くとともに，みんなと楽しみながら遊びを創り出そうとする。

(7) 動物を飼ったり植物を育てたりする活動を通して，それらの育つ場所，変化や成長の様子に関心をもって働きかけることができ，それらは生命をもっていることや成長していることに気付くとともに，生き物への親しみをもち，大切にしようとする。

(8) 自分たちの生活や地域の出来事を身近な人々と伝え合う活動を通して，相手のことを想像したり伝えたいことや伝え方を選んだりすることができ，身近な人々と関わることのよさや楽しさが分かるとともに，進んで触れ合い交流しようとする。

〔自分自身の生活や成長に関する内容〕

(9) 自分自身の生活や成長を振り返る活動を通して，自分のことや支えてくれた人々について考えることができ，自分が大きくなったこと，自分でできるようになったこと，役割が増えたことなどが分かるとともに，これ

までの生活や成長を支えてくれた人々に感謝の気持ちをもち，これからの成長への願いをもって，意欲的に生活しようとする。

第3 指導計画の作成と内容の取扱い

1 指導計画の作成に当たっては，次の事項に配慮するものとする。

(1) 年間や，単元など内容や時間のまとまりを見通して，その中で育む資質・能力の育成に向けて，児童の主体的・対話的で深い学びの実現を図るようにすること。その際，児童が具体的な活動や体験を通して，身近な生活に関わる見方・考え方を生かし，自分と地域の人々，社会及び自然との関わりが具体的に把握できるような学習活動の充実を図ることとし，校外での活動を積極的に取り入れること。

(2) 児童の発達の段階や特性を踏まえ，2学年間を見通して学習活動を設定すること。

(3) 第2の内容の(7)については，2学年間にわたって取り扱うものとし，動物や植物への関わり方が深まるよう継続的な飼育，栽培を行うようにすること。

(4) 他教科等との関連を積極的に図り，指導の効果を高め，低学年における教育全体の充実を図り，中学年以降の教育へ円滑に接続できるようにするとともに，幼稚園教育要領等に示す幼

児期の終わりまでに育ってほしい姿との関連を考慮すること。特に，小学校入学当初においては，幼児期における遊びを通した総合的な学びから他教科等における学習に円滑に移行し，主体的に自己を発揮しながら，より自覚的な学びに向かうことが可能となるようにすること。その際，生活科を中心とした合科的・関連的な指導や，弾力的な時間割の設定を行うなどの工夫をすること。

(5) 障害のある児童などについては，学習活動を行う場合に生じる困難さに応じた指導内容や指導方法の工夫を計画的，組織的に行うこと。

(6) 第1章総則の第1の2の(2)に示す道徳教育の目標に基づき，道徳科などとの関連を考慮しながら，第3章特別の教科道徳の第2に示す内容について，生活科の特質に応じて適切な指導をすること。

2 第2の内容の取扱いについては，次の事項に配慮するものとする。

(1) 地域の人々，社会及び自然を生かすとともに，それらを一体的に扱うよう学習活動を工夫すること。

(2) 身近な人々，社会及び自然に関する活動の楽しさを味わうとともに，それらを通して気付いたことや楽しかったことなどに

ついて，言葉，絵，動作，劇化
などの多様な方法により表現
し，考えることができるように
すること。また，このように表
現し，考えることを通して，気
付きを確かなものとしたり，気
付いたことを関連付けたりする
ことができるよう工夫するこ
と。

(3) 具体的な活動や体験を通して
気付いたことを基に考えること
ができるようにするため，見付
ける，比べる，たとえる，試
す，見通す，工夫するなどの多
様な学習活動を行うようにする
こと。

(4) 学習活動を行うに当たって
は，コンピュータなどの情報機
器について，その特質を踏ま
え，児童の発達の段階や特性及
び生活科の特質などに応じて適
切に活用するようにすること。

(5) 具体的な活動や体験を行うに
当たっては，身近な幼児や高齢
者，障害のある児童生徒などの
多様な人々と触れ合うことがで
きるようにすること。

(6) 生活上必要な習慣や技能の指
導については，人，社会，自然
及び自分自身に関わる学習活動
の展開に即して行うようにする
こと。

編者・執筆者一覧

●編　者
朝倉　　淳（広島大学教授）

●執筆者
朝倉　　淳（上掲）	1章，2章3節・4節，4章2節
今西　和子（高知市教育委員会学校教育課副参事）	2章1節，4章1節
石井　真澄（大分市立大在西小学校教諭）	2章2節1，3章1節
永野　優希（鹿児島大学教育学部附属小学校教諭）	2章2節2，3章2節
長谷川悦子（東広島市立吉川小学校教諭）	2章2節3，3章3節
小薗　博臣（出水市立鶴荘学園教諭）	2章2節4，3章4節
湯原　玲子（広島県教育委員会指導主事）	2章2節5，3章5節
道上喜美子（松山市立窪田小学校教諭）	2章2節6，3章6節
根本　裕美（練馬区立光和小学校教諭）	2章2節7・8，3章7節・9節
大山　夏生（山県市立伊自良南小学校教頭）	2章2節9，3章8節・10節
永田　忠道（広島大学准教授）	2章5節
上之園公子（比治山大学教授）	4章3節

［掲載順／職名は執筆時現在］

●編著者プロフィール

朝倉 淳（あさくら・あつし）
広島大学教授

博士（教育学）。広島大学大学院学校教育研究科修了。広島県内の小学校教諭，広島大学学校教育学部講師，同大学院教育学研究科准教授などを経て現職。研究科長補佐，附属東雲小学校長・中学校長を務めた。『子どもの気付きを拡大・深化させる生活科の授業原理』（風間書房）ほか著書・論文多数。国立教育政策研究所『スタートカリキュラム　スタートブック』作成協力委員。日本生活科・総合的学習教育学会副会長

平成29年改訂
小学校教育課程実践講座
生　活

2018年1月15日　第1刷発行

編　著　朝倉 淳
発　行　株式会社ぎょうせい
〒136-8575　東京都江東区新木場1-18-11
電　話　編集　03-6892-6508
　　　　営業　03-6892-6666
フリーコール　0120-953-431
URL：https://gyosei.jp

〈検印省略〉

印刷　ぎょうせいデジタル株式会社
乱丁・落丁本は，送料小社負担にてお取り替えいたします。
©2018　Printed in Japan　禁無断転載・複製
ISBN978-4-324-10307-4（3100534-01-006）［略号：29小課程（生）］